**Coordenação**

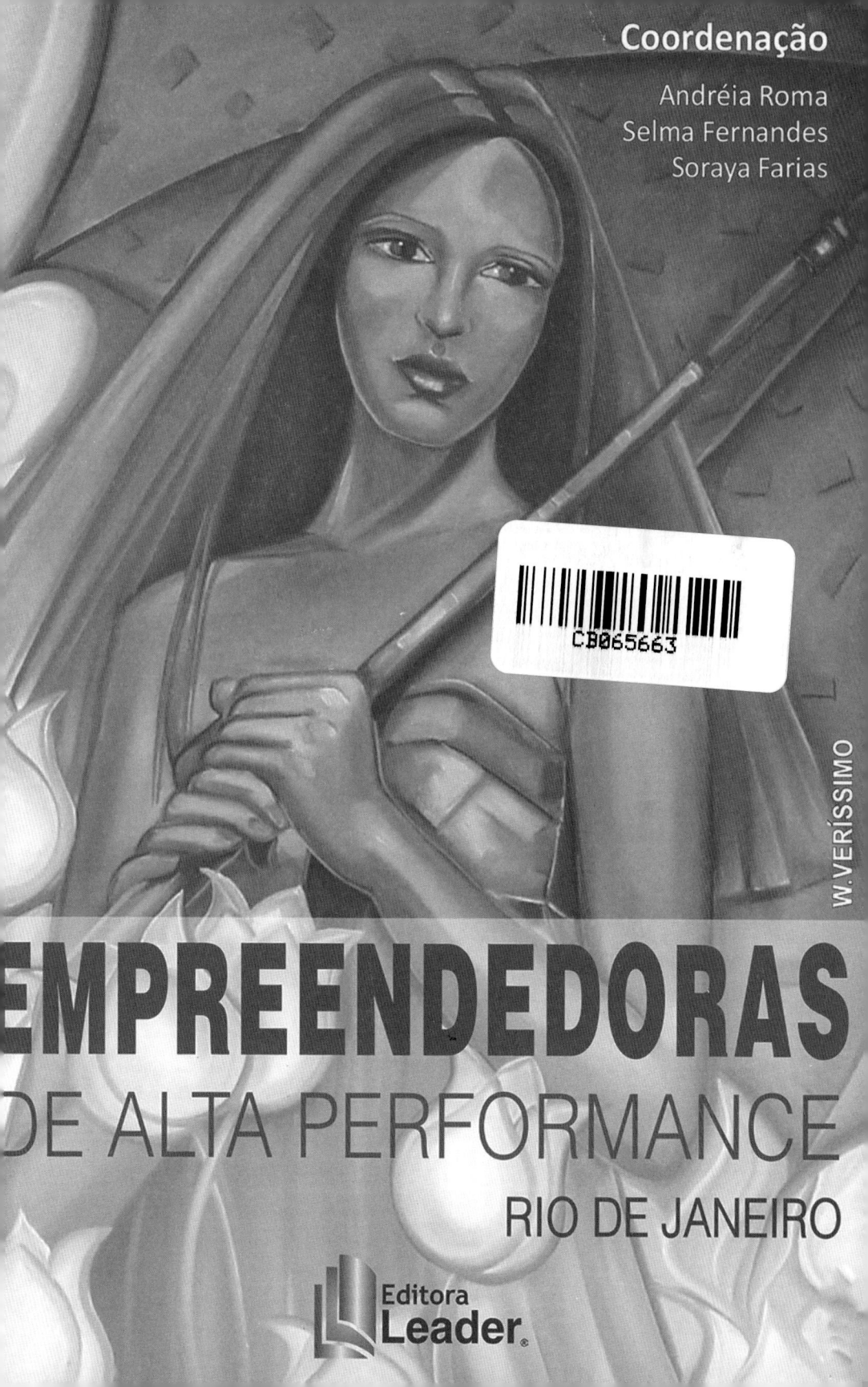

Andréia Roma
Selma Fernandes
Soraya Farias

W. VERÍSSIMO

# EMPREENDEDORAS
## DE ALTA PERFORMANCE

RIO DE JANEIRO

Editora **Leader**

Copyright© 2019 by Editora Leader
Todos os direitos da primeira edição são reservados à Editora Leader

Os artigos publicados nesta obra refletem a experiência e o pensamento de cada coautora, não havendo necessariamente relação direta ou indireta, de aceitação ou concordância, com as opiniões ou posições das demais convidadas.

| | |
|---:|:---|
| Diretora de projetos: | Andréia Roma |
| Revisão: | Editora Leader |
| Imagem de Capa: | W. Veríssimo |
| Projeto gráfico e editoração: | Editora Leader |
| Livrarias e distribuidores: | Liliana Araújo |
| Atendimento: | Rosângela Barbosa |
| Gestora de relacionamento: | Juliana Correia |
| Organização de conteúdo: | Tauane Cezar e Milena Mafra |
| Diretor financeiro: | Alessandro Roma |

**Dados Internacionais de Catalogação na Publicação (CIP)**
**Bibliotecária responsável: Aline Graziele Benitez CRB-1/3129**

E46 Empreendedoras de alta performance do Rio de Janeiro / 1. ed. [Coord.] Andréia Roma, Soraya Farias, Selma Fernandes – 1 ed. – São Paulo: Leader, 2019.

ISBN: 978-85-5474-066-5

1. Empreendedorismo feminino. 2. Autobiografia.

I. Roma, Andréia. II. Farias, Soraya. III. Fernandes, Selma. IV. Título.

CDD 658.314

**Índices para catálogo sistemático:**
1. Empreendedorismo feminino
2. Autobiografia

2019
**Editora Leader Ltda.**

Escritório 1:
Depósito de Livros da Editora Leader
Rua Nuto Santana, 65, sala 1
São Paulo – SP – 02970-000

Escritório 2:
Av. Paulista, 726 – 13º andar, conj. 1303
São Paulo – SP – 01310-100

Contatos:
Tel.: (11) 3991-6136
contato@editoraleader.com.br | www.editoraleader.com.br

# Conheça a Coletânea Empreendedoras de Alta Performance

■ O que é a Coleção?

Um projeto ambicioso e pioneiro no mundo com abrangência nacional: até 2021 pretendemos lançar 27 livros, um de cada Estado brasileiro, com a trajetória de empreendedoras de alta performance. Idealizado por uma empreendedora no mundo editorial, a CEO da Editora Leader, Andréia Roma, que tem como propósito compartilhar as histórias de mulheres de todo o Brasil, criando com isso uma conexão onde todas terão o mesmo objetivo, que é vestir a camisa do seu Estado e valorizar o feminino através de suas próprias histórias de vida, que ficarão marcadas para as gerações futuras.

Nossa visão é ampliar o networking de cada uma das mulheres que participam como coautoras da obra, proporcionando maior visibilidade no setor que representaram em seu Estado, através de suas histórias.

Nossa missão é atravessar fronteiras para reunir em vários livros mulheres determinadas, ousadas, que venceram dentro do seu setor, registrando seus exemplos e fortalecendo a autoestima e confiança de futuras jovens que terão a obra como inspiração.

Nossos valores neste projeto são conduzir as obras para que se tornem um marco cultural a partir da ideia de que, proporcionando às mulheres brasileiras se expressarem em seus setores, possamos inspirar nossa juventude através dos aprendizados e lições de vida que elas compartilham.

Nossa responsabilidade social neste projeto, além de contar as histórias de mulheres de todo o Brasil que estão fazendo a diferença em suas áreas, é levantar a bandeira da responsabilidade social no âmbito do empreendedorismo feminino, e assim apoiar o próximo com um olhar de amor sem julgamento.

Na noite de lançamento de cada volume desta coleção nas livrarias serão repassados 10% das vendas para uma instituição local indicada pelas coautoras.

## Uma obra de arte em cada Capa

Cada uma das capas em cada Estado terá a assinatura de um artista escolhido pela Editora Leader, pois acreditamos que uma obra é arte e por isso se perpetua por várias gerações. Valorizamos assim não só as coautoras como também o olhar a arte e a sensibilidade de artistas brasileiros.

O primeiro volume de nossa coleção, *Empreendedoras de Alta Performance – Mulheres como você contando suas estratégias*, teve a capa inspirada em Amélia Earhart e desenhada por Eduardo Kobra, artista que começou sua carreira como pichador artístico, depois se tornou grafiteiro e hoje se considera um muralista.

Outro exemplo de artista que esbanja talento e nos dá a honra de assinar as capas de nossas obras é W. Veríssimo. Ele desenhou as capas de *Empreendedoras de Alta Performance do Mato Grosso do Sul* e *Empreendedoras de Alta Performance Rio de Janeiro*. Natural de Franca/SP, é artista plástico, professor de artes, graduado pela Universidade de Franca/SP, diretor da escola de arte W. Veríssimo, também em Franca. Já realizou e participou de diversas exposições, no Brasil e no Exterior.

Paulo Seccomandi também nos brinda com sua criatividade e assina a capa de *Empreendedoras de Alta Performance de Goiás*. Ele começou a sua carreira na década de 90, como ilustrador. Após inovar e escolher outros espaços para expor, como pranchas de surf, jet-ski, capacetes, móveis, imóveis, as paredes simplesmente se tornaram uma espécie de tela em branco para Seccomandi.

## Sobre a Editora Leader e a idealização do Projeto Empreendedoras de Alta Performance Nacional

Muitas mulheres, ao receberem o convite para participarem deste projeto, me diziam que não se viam como empreendedoras, e você ao ler este texto também pode achar o mesmo. Mas deixe que eu lhe conte algo importante: a palavra **Empreendedorismo** significa empreender, resolver um problema ou situação complicada.

Empreender é também **agregar valor**, saber **identificar oportunidades** e transformá-las. O conceito de empreendedorismo foi utilizado inicialmente pelo economista Joseph Schumpeter, em 1950, e é essencial nas sociedades em todos os setores, pois é através dele que empresas e pessoas buscam a inovação, preocupam-se em transformar conhecimentos. Eu respondia para as convidadas, quando elas diziam não serem empreendedoras, o seguinte: "Dentro da sua área quantas pessoas já influenciou? Dentro de sua área quantas pessoas ou setores transformou?" E a resposta era que já tinham feito isso, e muito! Então, ao ler esta apresentação, lembre-se: você é empreendedora e pode transformar e influenciar qualquer área em que esteja. Isso só depende de você!

## ▪ Empreendedoras de Alta Performance

Uma obra reconhecida pelo RankBrasil como recorde de ser o primeiro livro com maior número de Empreendedoras de Alta Performance.

Possui exemplos de grandes mulheres e que os leitores terão a oportunidade de conhecer executivas e empresárias bem-sucedidas, confiantes, determinadas, persistentes e apaixonadas pelo que fazem. O livro possui o prefácio de Luiza Trajano, grande empresária da Magazine Luiza e coordenação das executivas de alto nível; Tatyane Luncah, publicitária e coach; Andréia Roma, idealizadora do projeto e Fundadora da Editora Leader e Vanessa Cotosck, Empresária e treinadora.

A capa foi inspirada em Amelia Earhart e desenhada pelo artista Kobra, com a participação de Kléber Pagu em uma das orelhas da obra, que afirma, que as mulheres estão cada vez mais presentes no seu dia dia, seja pela convivência, seja pelas inúmeras notícias de novas conquistas.

## ■ Empreendedoras de Alta Performance do Piauí

O livro possui o prefácio da então vice-governadora do estado do Piauí, Margarete de Castro Coelho e coordenação de Cacilda Silva e Andréia Roma, idealizadora do projeto e CEO da Editora Leader, destaca que ver materializadas as histórias dessas grandes empreendedoras piauienses é mais um sonho realizado e que não existe fórmula exata para o sucesso. "Como editora e empreendedora sempre considerei importante registrar a biografia das pessoas para que, no futuro, a sociedade e as famílias pudessem resgatar esse legado intelectual. Aprendi com minha experiência, porém, que tudo começa com dedicação e comprometimento e que cercar-se de pessoas que te completam e estar sempre aberta para novos caminhos é de extrema importância", disse.

## ■ Empreendedoras de Alta Performance do Mato Grosso do Sul

O livro possui coordenação de Mônica Fernandes e Andréia Roma, idealizadora do projeto e CEO da Editora Leader. Esta obra traz os relatos de 14 empreendedoras do Mato Grosso do Sul que revelam os caminhos que trilharam até conquistar seu lugar de destaque nos negócios e carreira, contribuindo ainda com a pujança econômica do seu estado e do país.

São histórias repletas de desafios, superação e resiliência que transformam essas mulheres em exemplos para quem almeja se desenvolver tanto profissional quanto pessoalmente.

# Agradecimentos

Idealizar a Coleção Empreendedoras de Alta Performance Nacional foi a forma que encontrei, como editora, de registrar o legado de mulheres de diversos segmentos, criando uma rede de empreendedoras de todo o país.

Já publicamos livros dos estados do Piauí, Mato Grosso do Sul, Goiás, Minas Gerais, entre outros, e este *Empreendedoras de Alta Performance do Rio de Janeiro* é mais uma obra que nasce com a proposta de valorizar o trabalho de mulheres em variados setores. Como editora sei que sou pioneira neste tipo de publicação e é isso que deixa o meu trabalho ainda mais prazeroso.

Mas nosso sucesso não seria possível sem a coordenação de Selma Fernandes e Soraya Farias, mulheres de alta performance a quem agradeço porque, ao meu lado, acreditaram não só na publicação desta obra como também na valorização do Estado do Rio de Janeiro através dela.

Meu muito obrigada também a cada uma das coautoras, por sua contribuição inestimável:

Adriana Bahia, que nos brinda com sua experiência em Marketing e Pesquisa.

Andrea Bandeira, psicóloga e mestre em saúde mental, e os aprendizados da vida pessoal para a vida profissional.

Betty Dabkiewicz, pedagoga e máster coach, que destaca a inspiração que vem da história familiar.

Camilla Costa de Carvalho Rachid, médica cardiologista, que descreve sua trajetória pautada pelos valores dados por sua família.

Cláudia Danienne, que incentiva os leitores a acreditarem no seu poder de realizar.

Cláudia Quintas, fisioterapeuta, por seu exemplo de determinação e de como buscar a felicidade.

Claudia Ximenes Guimarães, psicóloga clínica, que nos revela como vencer os desafios internos e externos.

Denise Garcia, experiente profissional que ressalta a importância de técnicas como a da respiração para superar dificuldades.

Grazielle Melo, por ser uma prova viva de que mudar de vida é um sonho possível.

Irene Azevedoh, por compartilhar sua trajetória de superação e sucesso.

Laura Negro, que em seu capítulo destaca sua vocação de professora, até chegar ao Supermercados Mundial, onde implantou o Setor de Treinamentos, entre outros projetos.

Leila Cristina Jorge, escritora, terapeuta sexual, por nos ensinar a nunca desistir de um sonho, por mais difícil que seja alcançá-lo.

Simone Madrid, por compartilhar seus "recomeços" e muitas lições de superação.

Sonia Garcia, especialista em desenvolvimento humano, que escreveu um capítulo com lições de empreendedorismo.

Soraya Freitas, psicóloga, pelo capítulo sobre as decisões, pois são elas que determinam nosso destino.

Thalita Costa, veterinária, que nos relata sua história de conquistas e empreendedorismo.

E finalmente a Verônica da S. Viana Rodrigues, com seu belo relato de uma criança pobre que chegou a mulher de negócios bem-sucedida.

Finalizo agradecendo a todos que, direta ou indiretamente, participaram de mais este projeto de sucesso da Editora Leader.

Andréia Roma

CEO e Diretora de Projetos da

Editora Leader

# Prefácio

Ao participar da coordenação desta obra, fiquei muito feliz, por vários motivos. Primeiro, por conhecer as experiências de mulheres tão inspiradoras, que nos dão um orgulho enorme por superarem desafios, se desenvolverem e promoverem crescimento econômico e social em suas regiões.

Depois, por ser este um belo projeto, pioneiro, surpreendente. Serão 27 livros, um de cada Estado brasileiro, com nossas empreendedoras de alta performance e suas trajetórias. Vários Estados já têm seus livros publicados e em cada um deles temos relatos que vão além do sucesso financeiro.

É o que acontece também neste volume dedicado às profissionais do Rio de Janeiro. Temos relatos emocionantes, reais, de mulheres que se dispuseram a se abrir para o mundo, a compartilhar suas dificuldades, inseguranças, insucessos, e a forma que encontraram de superar tudo e realizar seus sonhos.

Então, ao receber o convite de Andréia Roma, diretora de projetos e CEO da Editora Leader, para escrever este prefácio, minha felicidade foi maior ainda.

Nesta obra me identifiquei em várias passagens, me emocionei com a coragem de várias coautoras, me alegrei com suas conquistas.

O Rio de Janeiro me pareceu ainda mais lindo neste livro, com essas mulheres maravilhosas nos mostrando que é possível sonhar, buscar a realização pessoal e profissional, ajudar a família, superar mágoas, contornar obstáculos, aprender com os erros e – por que não? – com os acertos.

Tudo isso está nas páginas deste livro, que não prega a supremacia das mulheres, mas contempla a capacidade delas de participar do desenvolvimento do País ao lado dos homens, unindo forças e concretizando o maior sonho de todos nós: sermos felizes, realizados como pessoas e como profissionais.

Recomendo a leitura deste livro a todos que acreditam que não há limites para quem tem um objetivo e fé na vida.

Espero que após a leitura deste livro você esteja influenciado pelos mesmos sentimentos que nós, ao publicá-lo: vontade de empreender, de realizar, de deixar um legado positivo e inspirador.

Selma Fernandes

# Introdução

"Empreendedoras de Alta Performance do Rio de Janeiro" é mais uma obra do projeto nacional da Editora Leader e apresenta uma abordagem empreendedora com *cases* reais de mulheres que conquistaram seu lugar ao sol.

A Coleção Empreendedoras de Alta Performance Nacional tem como objetivo principal compartilhar a história empreendedora e as trajetórias de mulheres bem-sucedidas em diferentes setores de cada estado brasileiro.

Nesta obra, que traz as mulheres que se realizaram e puderam desenvolver seus planos pessoais e profissionais no Rio de Janeiro, estão histórias inspiradoras, sempre relatadas com os mais diversos sentimentos, emoções verdadeiras que nos contagiam e encorajam.

São pessoas das mais diversas origens, classes sociais, que não tiveram receio de compartilhar de que forma enfrentaram desafios e dificuldades, assim como dividem com os leitores suas conquistas e alegrias, além de nos inspirar a conseguir o tão almejado equilíbrio entre a vida pessoal e a profissional. E, portanto, neste projeto não visamos a competição masculina e feminina e sim unir homens e mulheres que trabalham para alcançar sucesso em seus empreendimentos e carreiras.

O leitor vai conhecer nesta coleção a pujança econômica de cada um e como o empreendedorismo feminismo tem colaborado para que o País supere com vigor o momento delicado que atravessa.

Este projeto também pretende ampliar o networking das empreendedoras de alta performance em todos os Estados, proporcionar maior visibilidade a cada uma das convidadas e ainda gerar responsabilidade social.

Para cumprir esses objetivos, a Editora Leader está desbravando o País, ultrapassando fronteiras e levando esse ambicioso projeto a todo o território nacional, de maneira empreendedora, divulgando economias pujantes e a responsabilidade social de um Brasil que "dá certo".

O Rio de Janeiro é palco do sucesso das nossas 17 coautoras, que acreditaram no potencial desse estado para se estabelecerem e desenvolver seus planos de vida. Não é para menos, o Rio ocupa o lugar de segunda maior economia do Brasil. Isso se deve a seu parque industrial e principalmente à indústria do turismo, uma vez que sua capital é reconhecida como "a cidade maravilhosa" internacionalmente. Sua economia é diversificada, o parque industrial é composto por indústrias metalúrgicas, siderúrgicas, químicas, de alimentos, mecânicas, editorial e de celulose. Na produção de petróleo estão estabelecidas sedes de grandes empresas ligadas ao setor como Shell, Esso, Ipiranga, El Paso etc. A principal atividade econômica do Rio de Janeiro está ligada ao setor terciário e essencialmente à prestação de serviços, a menor participação produtiva é a agropecuária, contudo, o Estado se destaca na produção de cana-de-açúcar, além de mandioca, tomate, arroz, feijão, milho, batata, laranja e banana. No extrativismo ocupa lugar de destaque na extração de sal, calcário, dolomita e mármore e especialmente de petróleo, responsável por grande parte da produção nacional.

O movimento empreendedor feminino não para de crescer no Rio de Janeiro, alavancando novos negócios e a economia local, e é o Estado em que as mulheres são a maioria (51%) entre os empreendedores de todos os portes e segmentos.

Como todos os livros da Coleção Empreendedoras de Alta Performance Nacional, este traz em sua capa uma obra de arte. Vários artistas plásticos assinam nossos livros e neste foi W. Veríssimo quem nos deu o privilégio de contar com sua criatividade.

A Editora Leader acredita que, por ser um legado para a vida inteira, assim como as obras de arte, os livros também merecem contar com uma capa à altura de sua importância.

Sobre o artista que assina a capa do livro, ele nasceu em 1964, natural de Franca/SP. Artista plástico, professor de artes, graduado pela Universidade de Franca/SP, diretor da escola de arte W. Veríssimo, também em Franca. Já participou e realizou diversas exposições, no Brasil e no Exterior. É um artista versátil, que desenvolve a sua criatividade dentro dos mais diversos ramos da arte, com capacidade, competência, responsabilidade e extremo bom gosto. Não existem barreiras para a versatilidade de W. Veríssimo, que desenvolve um trabalho ousado e diferenciado em qualquer projeto ou produção.

Andréia Roma,
Selma Fernandes e
Soraya Farias

# Sumário

1. Quebrando tabus: sou empreendedora, sim! .................. 17
   Adriana Bahia

2. Alta Performance: aprendizados da vida pessoal para a vida profissional ...................................................... 29
   Andrea Bandeira

3. Começando do princípio... A inspiração através da história familiar ............................................................ 37
   Betty Dabkiewicz

4. Valores para a vida toda ................................................ 51
   Camilla Costa de Carvalho Rachid

5. Acredite em você! Transforme o "não" que parece limitante em força geradora de realizações. Ressignifique! ................................................................ 61
   Cláudia Danienne

6. Ser feliz sempre ............................................................ 71
   Cláudia Quintas

7. Vencendo os desafios internos e externos ..................... 79
   Claudia Ximenes Guimarães

8. Inspirando, expirando e não pirando .............................. 89
   Denise Garcia

9. Mudar de vida: um sonho possível .............................. 103
   Grazielle Melo

10. O caminhar de uma trajetória ..................................... 111
    Irene Azevedoh

11. Inconformismo, ousadia ou
    espírito empreendedor? ................................................ 123
    Laura Negro

12. Uma história que nunca terá fim.
    Era uma vez... ............................................................ 133
    Leila Cristina Jorge

13. Recomeços .................................................................. 143
    Simone Madrid

14. Sonho + Ação = Realidade ......................................... 155
    Sonia Garcia

15. As condições não determinam seu destino.
    Suas decisões, sim! ..................................................... 167
    Soraya Farias

16. Uma veterinária que deu certo .................................. 179
    Thalita Costa

17. Da criança que carregava comida para seus
    porcos à Mulher Empreendedora de Sucesso ............. 189
    Verônica da S. Viana Rodrigues

# Quebrando tabus:
# sou empreendedora, sim!

### Adriana Bahia

## Adriana Bahia

Carioca, com diversidade no olhar e apaixonada por gente.

Profissional de Marketing e Pesquisa, pós-graduada em Pesquisa de Mercado e Opinião Pública pela Universidade do Estado do Rio de Janeiro (UERJ). Com 20 anos de atuação na área de Inteligência Competitiva, atualmente está à frente da Gerência de Pesquisa de Mercado do Grupo Bradesco Seguros, onde responde sobre todos os indicadores de satisfação de clientes, posicionamento e *recall* de marca, além de estudos de tendência e inovação de mercado. Coordenadora do grupo de trabalho de Insights da ABA Rio (Associação Brasileira dos Anunciantes) e professora convidada da pós-graduação da ESPM Rio (Escola Superior de Propaganda e Marketing).

Contato:

E-mail: adrianaffbahia@gmail.com

LinkedIn: Adriana Bahia

Nasci em um domingo de carnaval na cidade maravilhosa. Era um dia de sol escaldante de verão, em um bairro que tem no calor sua tradição, e a sensação térmica ultrapassa os 40 graus. Para algumas pessoas, seria nascer em meio ao caos, não é mesmo?

Esta aparente desordem, percebida e sentida por muitos no momento do meu nascimento, sempre teve um significado especial para mim. Posso dizer que escolhi o dia, pois nasci de uma gestação de oito meses, em um dia de céu azul, na cidade que continua sendo um sonho para muitos brasileiros e estrangeiros. No momento do meu nascimento, minha mãe conta que não sentiu nenhum sinal de dor – embora tenha nascido de parto normal –, mas que a única parte não bacana foi ter que passar todo o carnaval no hospital. Tenho o palpite de que incomodei um pouco os planos do jovem casal, afinal, o carnaval do Rio de Janeiro é o mais conhecido no mundo.

Eu era apenas uma menina carioca, filha de pais jovens e de baixa escolaridade. Mas que aprendeu desde cedo o quanto é importante acordar cedo, e o valor do trabalho na vida de uma pessoa. Com um pensamento disruptivo, sempre acreditei que seria, ou pelo menos tentaria, ser relevante por onde eu passasse, e que esta seria a minha marca.

Não desejava seguir o caminho da minha mãe, que se casou aos 17 anos, e nem ela queria isso, para a minha sorte. Como ela não teve a oportunidade de estudar, fazia de tudo para que a história de sua filha fosse diferente. E, de certa forma, projetou em mim alguns dos seus sonhos. O principal deles ser uma mulher independente.

Acredito que esse universo tenha sido o meu primeiro **estímulo de empreendedorismo.** O conceito de empreendedor permeia várias áreas do conhecimento: econômica – ligada à inovação; sociológica e antropológica – ligadas ao comportamento. As pesquisas apontam um clima muito favorável sobre o tema. As mulheres empreendedoras em estágio inicial representam cerca de 50% do mercado, de acordo com a pesquisa GEM Brasil 2018 (Global Entrepreneurship Monitor).

Nós, mulheres, somos capazes de realizar várias atividades ao mesmo tempo e coordenar todas, com muita responsabilidade e dedicação. Temos um estilo diferente dos homens para empreender. Segundo a psicóloga Andréa Villas Boas, temos como diferencial uma ótima capacidade de persuasão, preocupação com clientes e fornecedores, habilidade intuitiva, sensibilidade, criatividade, senso de organização, justiça, paciência e resiliência. **Atributos suficientes para o nosso negócio dar certo.** Não acha?

## Cheguei à faculdade...

Entrar em uma universidade federal no final da década de 80, para estudar em período integral, com 17 anos de idade, significava um luxo para uma jovem da zona oeste da cidade. Eu não poderia ajudar financeiramente a minha mãe, que havia se separado do meu pai, e ainda precisaria de todo apoio financeiro. Esta situação foi a primeira quebra de tabu de uma menina do subúrbio carioca.

É inegável que essa conquista não foi somente minha, mas de toda a minha família, que, aliás, contribuiu muito nesta jornada. Destaco aqui a dona Maria – minha mãe "Bombril", que sempre demonstrou 1.001 habilidades –, a minha madrinha, Lourdes – lembro-me de quando me entregava alguns dólares, escondido do seu marido, um comerciante 'emergente' do bairro, para eu trocar e pagar a passagem de ônibus para a faculdade – e por último o meu padrinho, Julinho – chefe de obras –, que nos dias de sábado, depois de uma semana de trabalho duro, colocava parte do seu pagamento debaixo do meu travesseiro.

Como fui e sou ajudada por tanta gente do bem, estas experiências me fizeram **desenvolver o sentimento de gratidão não somente pelas pessoas, mas ao universo como um todo.**

**Sozinho você não chega a lugar nenhum – Fica a dica.**

Na faculdade, eu imaginava que seria a coisa mais legal do mundo, mas na verdade não foi bem assim. Lembro-me de um professor que poderia ter me levado a desistir do curso, pois no momento que entrou em sala de aula ele afirmou enfaticamente que uma pessoa que não comprava livros e não viajava não poderia ser considerado um estudante universitário e consequentemente seria um péssimo profissional.

Segunda quebra de tabu, querido professor. Tirei muitas cópias de livros e foi através delas que viajei em belas leituras. Ah! Eu também consegui uma bolsa de estudos, do CNPq (Conselho Nacional de Desenvolvimento Científico e Tecnológico), para atuar como pesquisadora na tese de uma das melhores professoras da universidade, que estudava "o comportamento das relações no trabalho, no setor de varejo" e isso tudo aconteceu no começo dos anos 90.

Um dos fatores-chaves para o empreendedor é buscar sempre por alternativas e soluções para os problemas, além de pensar grande. Desistir jamais, mas mudar sempre, mesmo quando estiver dando certo, diz Luiza Trajano, um dos ícones do varejo brasileiro.

## Finalmente embarquei no mercado de trabalho. E agora?

Meu mecanismo de sobrevivência sempre foi a busca pelo olhar diferenciado das situações, das pessoas e principalmente de acreditar que a solução de um problema pode ser algo extremamente simples e possível.

O Google é uma das empresas mais valiosas do mundo e consegue ter as mais simples funcionalidades, servindo para um usuário de baixa escolaridade, e ao mesmo tempo para um PhD em Harvard.

Não entrei no meu primeiro emprego com cargo de liderança, claro que não! Tenho muitas histórias, de derrotas e conquistas, vivenciadas durante a minha trilha profissional. Comecei como estagiária em um pequeno laboratório farmacêutico, até chegar à liderança de uma área de Pesquisa de Mercado, na maior seguradora da América Latina.

Sempre com coragem, subo ao palco e quando a cortina se abre dou o meu melhor. Mas qual foi a minha estreia no mercado de trabalho? Estreei como atendente de telemarketing em um grande jornal. O que eu fazia? Ligava para possíveis futuros clientes para oferecer assinatura do jornal – que, muitas vezes, não era desejada. Ficou decepcionado com o meu primeiro emprego?

Trabalhar em telemarketing é uma atividade 'decepcionante' para muitos, não é mesmo? Mas, eu não poderia aceitar este pensamento como verdadeiro. Aquele emprego significava que eu não estava parada, como diz o jornalista José Simão, "quem fica parado é poste".

Profissão comum entre os jovens brasileiros, mais de um milhão de trabalhadores atuam hoje como operadores de telemarketing no país. A atividade é ingrata, passar o dia todo no telefone, ouvir reclamações e ter uma pausa de 20 minutos para as refeições, nada criativo, muito menos inovador. Muitas pessoas têm vergonha de trabalhar em telemarketing, mas aquela era a minha primeira e única oportunidade, eu precisava vender cinco assinaturas do jornal por dia, no período de seis horas de trabalho. Fácil, não é mesmo?

Nada era fácil, do outro lado da linha recebia muitos 'não quero'. Mas aquele era o meu negócio e não podia desistir. Quando não conseguia atingir a meta diária, quase sempre não conseguia, chegava mais cedo no dia seguinte para completar a produção do dia anterior. Então, trabalhava cerca de 11 horas por dia. Sentia-me a 'dona do meu próprio negócio' – a protagonista.

**Fica outra dica:**

**Autoestima – assuma a tarefa como sua!**

Percebia que a maioria dos meus colegas não tinha perspectivas profissionais claras, muitos desistiam do negócio. Não acontece isso também com as empresas brasileiras? Segundo o Sebrae (Serviço Brasileiro de Apoio às Micro e Pequenas Empresas), de cada quatro empresas abertas, uma fecha antes de completar dois anos de existência no mercado. Os motivos são diversos, além dos entraves da economia e da política do país, a falta de planejamento dos donos em diversas áreas da administração, incluindo marketing, relações humanas, financeira e digital. Falta capacitação e um entendimento da necessidade da mistura de perfis para estimular a criação e a inovação.

**Não basta conhecer e fazer bem o seu produto/serviço, é preciso entender o contexto do seu negócio – estudar para compreender o mercado como um todo.**

Eu tinha a minha meta e focava o tempo todo nela, precisava me destacar naquele ambiente. Em um ano, fui promovida para a supervisão da equipe de telemarketing, e fui trabalhar em uma agência do jornal, no bairro mais elitizado da cidade – Ipanema. E, como disse Vinicius de Moraes, "Lembra que tempo feliz / ai que saudade / Ipanema era só felicidade".

Nem tudo era felicidade dentro da empresa. A meta agora não dependia somente dos meus esforços. O desafio era envolver toda a equipe, para juntos atingirmos o resultado. Que difícil a vida de um líder, não é? Conviver com pessoas singulares, com necessidades e desejos diversos, com crenças, valores e princípios distintos. Percebi que existia uma forte conexão entre todos nós: **o desejo de sermos respeitados e valorizados dentro e fora daquele ambiente. Todos, sem exceção, tinham os seus sonhos e suas aspirações pessoais.**

### O que aprendi com meu primeiro emprego?

- Crises são oportunidades de crescimento, meta não é um obstáculo, ela é o alvo;
- As situações são incertas – problemas existirão sempre;
- Intuição é muito importante, mas sem capacitação não funciona;
- O melhor processo de comunicação é ouvir o outro;
- Não fazemos nada sozinhos;
- É necessário que haja total consistência entre a fala e os atos;
- Resiliência – "levanta, sacode a poeira e dá volta por cima".

O termo empreendedorismo não está relacionado apenas com a criação de empresas ou novos produtos e serviços, mas também a estilos de comportamento do ser humano. Assim, podemos ser empreendedoras também no mercado de trabalho tradicional. Não precisamos ter o nosso próprio negócio ou criarmos *startups* para nos destacarmos nesta competência.

*"Ser empreendedor é você ter iniciativa, ter prazer por realizar, buscar construir algo novo, gostar de se lançar em novos projetos, ter prazer em inovar, ter capacidade de planejar e perseverar diante das dificuldades, ter a habilidade de envolver pessoas e conseguir 'vender' a sua ideia, se desenvolver em áreas que não domina, ter capacidade de realização e entrega, conseguir encontrar recursos no meio do deserto, sonhar obstinadamente com alguma coisa, ter prazer no que faz, acordar de manhã e estar feliz por mais um dia de trabalho"*, afirma Mauro Segura, líder de Marketing e Comunicação na IBM Brasil.

**Costumo dizer que carrego os tijolos, coloco a mão na massa, viro a laje e no final preparo a feijoada para o time.**

**Empreender é fazer a coisa acontecer – fica outra dica.**

Muitos dizem que sou louca. Não conheço um empreendedor que não seja louco e determinado para encontrar a solução.

## Qual o peso de ser filha da cidade maravilhosa?

Por ter em sua constituição uma diversidade cultural que não passa despercebida entre brasileiros e estrangeiros, a cidade do Rio de Janeiro é considerada a mais criativa do país, de acordo com a pesquisa realizada pela Endeavor.

O carioca tem um jeito único: ele consegue ser bem-humorado, descontraído e, ao mesmo tempo, elegante. E, mesmo com toda a crise política e econômica, as marcas criativas, nascidas na metrópole, continuam apontando tendências para o mundo. Mas de que forma?

As *startups* – empresas jovens com ideias diferentes – crescem cada vez mais, mesmo em um ambiente de incertezas, gerando lucros sempre maiores. Elas são desenvolvidas na cidade, e permeiam vários segmentos, desde o mundo da moda personalizada, baseada na filosofia Slow Fashion, passando por empresas dedicadas à coleta, destinação e reciclagem de lixo eletrônico, além de restaurantes que oferecem em seus cardápios pratos 100% veganos. Não somente com o propósito inovador e tecnológico, estas empresas registram também, em sua essência, a consciência com o meio ambiente e sustentabilidade.

Como uma boa "carioca da gema", atravesso a cidade todos os dias pela manhã e ainda consigo chegar **bem-humorada** à empresa, mesmo quando o Flamengo perde o jogo. O **otimismo** é um dos aspectos comuns e indispensáveis no comportamento de um empreendedor, segundo pesquisa realizada pela Endeavor e TroianoBranding – "Sempre ver e esperar o melhor. Acreditar que vai dar certo".

Ainda de acordo com o estudo, existem outros aspectos fundamentais aos empreendedores, na dimensão do comportamento, e estes seriam:

■ **Autoconfiança** – talento para acreditar em si mesmo, em suas ideias e decisões;

■ **Coragem para aceitar riscos** – o medo existe, mas não paralisa. O sonho é maior;

■ **Desejo de protagonismo** – vontade de ser reconhecido, ser pleno;

■ **Resiliência, persistência** – é ter coragem para se sacrificar sem desistir.

Atuar em um cargo de gestão no segmento financeiro, que ainda tem o seu quadro de liderança formado por homens, é, no mínimo, uma conquista diária. Lembro-me da primeira vez que fui à cidade de Osasco, em São Paulo, sede principal da organização em que atuo, para apresentar um estudo de pesquisa sobre o mercado de Previdência.

Chegando à "Cidade de Deus", bairro criado para hospedar funcionários do banco, entrei numa sala simples, com 12 senhores que vestiam ternos pretos e apresentavam posturas sérias. Todos olhavam para mim e no mínimo pensavam o que uma carioca, de baixa estatura, com roupas coloridas e um sorriso no rosto, às oito horas da manhã de uma segunda-feira, tem a dizer? Talvez, nada relevante. Para minha sorte, naquela época os executivos ainda não tinham o hábito de levarem os seus celulares para as reuniões.

Sentada à cabeceira da mesa e de frente para o presidente da companhia, eu apenas disse: "Se os senhores não se importarem, prefiro ficar de pé para apresentar o estudo. Também não faz nenhuma diferença se eu ficar de pé ou sentada", frase que saiu espontaneamente. Percebi nesse momento um pequeno sorriso por parte dos participantes, aquele gesto foi o meu "quebra gelo" – e lá fui eu apresentar a pesquisa desenvolvida junto com o time, com muita veracidade, comprometimento, propósito e, principalmente, com humildade.

**Outra quebra de tabu: para ser plena você não precisa ser alta, magra e séria. Você precisa somente entender muito bem do seu negócio – fica a dica.**

## Um futuro sustentável

O tempo pisou no acelerador e aqui estou: mãe da Mariana – estudante de Belas Artes da UFRJ (Universidade Federal do Rio de Janeiro) – e do Pedro – estudante de Ciência Política da UNIRIO –, casada há 25 anos com o mesmo marido, pesquisadora, líder de equipe, professora, escritora, palestrante e uma ótima 'dona da casa'.

Não tenho dúvidas que esse contexto de vida é o meu *case* mais inspirador e de que foi ele que me tornou uma empreendedora de sucesso. E, fazendo uma conexão com o termo "unicórnio" utilizado para classificar as *startups* avaliadas em US$ 1 bilhão ou mais. Será que as nossas conquistas podem receber o título de "unicórnio"? O quanto valem as alterações de estilo de vida, a valorização à criatividade, a busca de soluções inovadoras e a coletividade nas relações?

## Para terminar

Viva o dia de hoje como sendo o mais importante e não como sendo mais um dia na sua vida. Desenvolva conexões para cocriar soluções cada vez mais felizes no campo pessoal e profissional e na sequência conecte-se com as inúmeras oportunidades ofertadas nesta cidade que continua, sim, sendo MARAVILHOSA!

# Alta Performance: aprendizados da vida pessoal para a vida profissional

Andrea Bandeira

2

## Andrea Bandeira

Psicóloga, psicoterapeuta existencial, neuropsicóloga, mestre em saúde mental.

Avaliação neuropsicológica, neurofeedback/biofeedback, avaliação e gerenciamento de *stress*, psicoterapia, supervisão clínica, cursos e grupos de estudo, consultoria para empresas/escolas (palestras, treinamentos...), Coaching executivo e de negócios. Registro CRP (Conselho Regional de Psicologia): 20772-05.

Contato:

E-mail: contato@neuropsicossoma.com.br

Site: neuropsicossoma.com.br

"Caminhante: não há caminhos, faz-se o caminho ao andar" – Antônio Machado (poeta espanhol).

Essa citação do poeta espanhol é um dos lemas que regem a minha vida desde que a li pela primeira vez, além de ser um dos aprendizados mais difíceis da vida. Não existem caminhos prontos, pré-definidos, assim como não existem fórmulas mágicas nem receitas prontas para serem seguidas no caminho para o sucesso e para a alta performance na vida e no trabalho. Cada caminho é único porque cada pessoa é única. Um dos maiores erros que a maioria das pessoas comete, e que eu cometi também durante muito tempo, é achar que precisa encontrar o caminho, a fórmula, a receita do que é preciso fazer para atingir o sucesso, a alta performance e a felicidade na vida pessoal e no trabalho. O problema é que essa fórmula não existe. O caminho é feito a cada passo que é dado, assim, cada pessoa constrói o seu caminho a partir das escolhas que faz a cada passo que é dado. Por isso, sempre digo aos meus alunos e clientes que por mais que tenhamos um objetivo, um sonho, o foco para a sua realização tem que ser dado no processo, no caminho. A cada passo dado, a cada escolha a ser feita sempre pergunte a si mesmo se esse caminho está de acordo com o que você quer e se o levará ao seu objetivo ou sonho. Esse é um dos principais aprendizados para atingir alta performance.

O outro importante aprendizado para quem quer alcançar alta performance está relacionado a outra citação que também é um lema que rege a minha vida. É do filósofo existencialista Jean Paul Sartre: "O importante não é o que fizeram de você, mas o que você faz daquilo que fizeram de você". Isso quer dizer que sua história é importante porque ela contribuiu para a pessoa que você é hoje, mas ela não o define. O que o define é o caminho que você vai construir tendo essa estória como base e as escolhas que você vai fazer para construir esse caminho.

Neste capítulo vou compartilhar a minha história para que ela inspire você a escrever o seu caminho em direção à alta performance.

## Como tudo começou

Desde criança sempre acompanhei de perto o trabalho da minha família. Quando entrei na escola, com três anos de idade, minha família era sócia de uma loja de doces e salgados próxima. Saía da escola e ficava lá à tarde observando o trabalho. Pedia pra ajudar, mas sempre ouvia que criança não trabalha, só estuda. Ali, comecei a ter minha primeira noção de trabalho e de empreendedorismo. As vantagens e desvantagens de ter seu próprio negócio. Para a minha família, em algum momento, as desvantagens falaram mais alto, o negócio acabou e cada um arrumou um emprego.

Continuei acompanhando o trabalho da minha mãe e da minha tia, que sempre que possível se revezavam em me receber no seu local de trabalho, durante a tarde, quando eu não estava na escola. Lá, eu fazia meus deveres de casa e estudava quando tinha provas. De vez em quando também passava a tarde na casa de algumas amigas ou saía com elas. Assim, fui aprendendo sobre o mundo do trabalho e comecei a gostar e imaginar como seria a minha vida quando eu fosse trabalhar. Como não ia ao trabalho do meu pai, ele ficou como uma referência mais forte de relacionamento pessoal e emocional e minha tia e minha mãe como referências de modelos de vida profissional.

Minha família sempre se preocupou em me passar valores como verdade, honestidade, responsabilidade, dedicação, estudo. Sempre me diziam que não importa o que você faz, se preocupe sempre em manter esses valores e fazer o melhor que puder. Sempre fui muito exigida nos estudos e nos resultados porque só os melhores conseguem permanecer e se destacar no mercado de trabalho. Comecei então a ter meus primeiros contatos com a ideia de alta performance.

Assim, foram plantadas as noções de empreendedorismo e de alta performance na minha vida. Lições teóricas e práticas que utilizo na minha vida até hoje e tento passar adiante para os meus filhos.

## Da vida para o trabalho

Descobri cedo o que queria ser quando crescesse. Queria ser psicóloga. Sempre fui considerada pelas minhas amigas a "certinha", responsável, a quem elas recorriam quando queriam conversar, quando tinham problemas. Eu tinha paciência para ouvir e dava meus conselhos. Sempre gostei mais de ouvir e entender as pessoas do que de falar.

Desde o início da faculdade de Psicologia, ficava ecoando na minha cabeça a minha tia me falando da importância da dedicação, do profissionalismo, da responsabilidade, do estudo para que eu estivesse sempre entre os melhores na construção da minha carreira. Isso me gerava muitas angústias e inseguranças. Será que eu vou conseguir? Será que eu vou ser capaz? Esses questionamentos levaram a um aprendizado importante sobre alta performance. Tá com medo? Vai com medo mesmo. Porque, se não fizer por medo ou insegurança, alguém vai fazer no seu lugar e você vai perder uma oportunidade que talvez não apareça nunca mais. Por ter adotado essa postura já na faculdade, junto com muito estudo e dedicação, acredito que consegui me desenvolver como pessoa e como profissional para me destacar, conseguir oportunidades e chegar aonde estou hoje.

Sempre fui psicóloga clínica, pois desde a faculdade gostava de entender as emoções, como a mente funciona e o comportamento humano. Comecei fazendo estágio na clínica da faculdade, onde conheci minha supervisora e hoje amiga, Tereza Erthal, que se tornou, rapidamente, meu modelo e inspiração. Fiz, com ela, minha primeira formação profissional depois da faculdade, na qual me destaquei e fui convidada por ela a ser sua assistente e monitora no curso para novos profissionais. Durante esse período e com o contato pessoal com ela e com seu trabalho, aprendi a maior parte do que sei e do que me tornei como profissional. Sou muito grata a ela por essa oportunidade. Ao longo dos últimos 20 anos já fiz diversos cursos, especializações e mestrado junto com minha prática clínica em consultório, ministrei cursos, palestras e treinamento, supervisionei e orientei estudantes e recém-formados a iniciar suas práticas clínicas, para entender cada vez mais e melhor todos esses assuntos e poder cumprir cada vez melhor a minha missão: ajudar pessoas e empresas a ter alta performance com qualidade de vida. Mais uma lição para a alta performance é que não adianta ser altamente produtivo e não ter qualidade de vida ao mesmo tempo. Se isso acontecer, você não tem alta performance, somente boa produtividade.

O caminho até aqui não foi fácil. Tudo o que conquistei foi por meu próprio mérito, pois nunca tive ninguém na família que trabalhasse na mesma área que eu e pudesse me facilitar o caminho. Sempre tive da família muito apoio e incentivo, o que é muito importante, mas nunca facilidades para conquistar espaço no mercado profissional. Os desafios foram muitos e os altos e baixos também. Pensei em desistir diversas vezes, mas o prazer e o amor pelo que faço me mantêm firme e forte no caminho que escolhi. O trabalho do psicólogo não é valorizado, é sempre considerado supérfluo e atuando como empreendedor, então, mais ainda. Demora muito tempo, exige bastante planejamento e esforço divulgar o seu trabalho, torná-lo conhecido para que as pessoas e profissionais de saúde o indiquem, seu trabalho seja conhecido e cresça. Sempre fui muito boa em estudar e realizar o meu trabalho, mas me divulgar, falar de mim, fazer contatos, ser relações públicas de mim mesma era um ponto fraco. Afinal, não podemos ser bons em tudo.

O Rio de Janeiro é uma cidade grande, turística, cara, com excesso de profissionais, que passou por diversas crises e passa agora por sua maior crise, a maior de todas. É preciso mostrar muito valor, diversificar as atividades e trabalhar muitas horas por dia para conseguir se manter no mercado. Então, você se pergunta: "Vale a pena tudo isso? Será que eu sou capaz? Será que estou no caminho certo? Será que vou ser capaz e dar conta? Serei bem-sucedida?" Conciliar toda a dedicação necessária ao trabalho com qualidade de vida e vida pessoal e familiar é um desafio extra, mais ainda quando se tem filhos. Aí o *stress* aumenta, a culpa toma conta e aprendemos na marra a gerenciar tudo isso. Um eterno aprendizado, mas vale a pena. Utilizei todo o aprendizado pessoal e profissional que tive ao longo do meu caminho, no meu trabalho para inspirar e ajudar pessoas e empresas a empreender com alta performance, gerenciar o *stress*, as emoções, ter qualidade de vida e realizar seu maior potencial.

## Lições aprendidas

As lições que ficam é que tudo valeu a pena e hoje eu sou uma pessoa melhor e mais feliz por conta de todo o caminho que percorri e tudo o que vivi. Podia ter feito diferente? Podia. Podia ter feito melhor? Podia, mas só sei disso agora, olhando em retrospectiva, o que não é possível enquanto você está percorrendo o caminho. Naquele momento, o que você fez é o melhor que podia ser feito. Ponto.

É cansativo, desgastante, exige muito esforço e vontade, mas é possível ter equilíbrio e sucesso em todas as áreas da vida. É uma escolha e você tem que lutar por ela sempre.

Se quiser ter alta performance, além da parte técnica do seu trabalho, invista sempre em trabalhar a sua mente e suas emoções. Elas podem impedi-lo de conquistar seus objetivos e sonhos, por melhor profissional que você seja. Medos, inseguranças, críticas, frustrações fazem parte e você tem que saber lidar com elas.

Por mais bem-sucedido que você se torne, o mundo e o mercado mudam sempre. Nunca se acomode, acompanhe as tendências e se desenvolva sempre. Procure sempre ser o melhor, a referência na sua área de atuação.

Ao fazer uma escolha, qualquer que seja, se pergunte qual o impacto que ela vai ter sobre o seu objetivo ou sonho e nas pessoas com quem você interage e se relaciona.

Ajude o máximo possível de pessoas com o seu conhecimento e com o seu trabalho.

Não desanime e não desista, por mais difícil que o seu caminho seja, se o que você faz for importante pra você.

Seja uma inspiração para as pessoas como eu espero ser com o capítulo deste livro e as minhas experiências.

Por fim, alta performance é uma conquista constante e diária. Como disse no início deste capítulo, é um caminho, um processo, não uma fórmula ou uma receita com passos pré-definidos a serem seguidos que servem para todos. E, se quiser chegar lá, tem que percorrê-lo. É pessoal e intransferível. Vale a pena. Construa seu caminho e siga-o com persistência.

# Começando do princípio...
# A inspiração através da história familiar

Betty Dabkiewicz

## Betty Dabkiewicz

Sócia diretora da Sinergia Consultoria em Gestão de Pessoas e Negócios, Coaching & Mentoria de alta performance; pedagoga formada em Supervisão e Administração escolar pela UERJ; Master coach em Life & Personal Coach pela International Coach Community; *coach* de Carreira e Alta Performance pela Sociedade Brasileira de Coaching (SBC); coach de Carreira e Liderança Estratégica pela ICF; MBA em Gestão de Carreira; Liderança Estratégica e Gestão de Conflitos pela Universidade Hebraica de Jerusalém; Master Coach Sistêmico com PNL pela Lambent do Brasil, com mentoria de Peter O'Connors; Master Coach Sistêmico; Master Coach em Programação Neurociência e Linguística aplicada pelo Inap; pós-graduada em Educação Continuada para Adultos, PUC-RJ. Cursando Psicologia Positiva.

Há 25 anos desenvolvendo talentos, ampliando o potencial de pessoas e equipes, elaborando projetos institucionais customizados em âmbitos escolar, institucional e corporativo; *coach* e mentora de escolha profissional, transição de carreira, alta performance e de liderança estratégica, além de mentoria de posicionamento de marca pessoal e profissional no mercado de trabalho e na transição deste para empreendedores.

Atuante com desenvolvimento de projetos de inclusão, inovação e desenvolvimento de projetos e empreendedorismo de seniores para o mercado, com foco em empregabilidade, trababilidade, criatividade nos novos processos e sustentabilidade. Escritora, palestrante que entende que seu maior propósito e missão é desenvolver, motivar, instrumentalizar pessoas para que se realizem através das conquistas de seus novos objetivos e resultados nos diferentes âmbitos da vida.

Contatos:

https://www.linkedin.com/in/sinergiacoach2010/ | https://www.instagram.com/consultoriasinergia/ | https://www.instagram.com/bettydabkiewwicz/

Site: www.consultoriasinergia.com | E-mail: sinergia.coach@gmail.com

> "... Ter e vivenciar o sucesso é conseguir alinhar as suas intenções, valores pessoais e profissionais com o seu discurso e ações, nos meios ambientes onde transita e atua..." Betty Dabkiewicz

Quando olho para trás percebo o quanto já caminhei e o quanto ainda tenho para caminhar e desbravar novas rotas, para contribuir de forma efetiva nos meios ambientes onde atuo e empreendo; entendo a importância de manter-me aberta a enfrentar novos desafios, com o propósito de servir ao próximo, de auxiliar pessoas a reencontrar os seus valores primordiais para que possam promover ações a seu favor e ao sistema onde vivem e interagem. Entendo cada vez mais que atuar sistemicamente criando novas oportunidades de realização e sustentabilidade é um caminho responsável, de múltiplas oportunidades e de empreendedorismo. A ampliação da minha consciência e da responsabilidade sobre as escolhas realizadas até então me remeteu à percepção de que somos resultado da construção de experiências pessoais, familiares e de todo tipo de influências que o meio ambiente possa nos proporcionar e nós a ele.

Nascida numa família de empreendedores no Rio de

Janeiro e tendo como referência a chegada e o estabelecimento de meus avós poloneses e russos no Brasil após a 2ª guerra mundial, reconheço de onde vem a influência de lutar pelos meus valores, pela convivência respeitosa ao próximo na diversidade sociocultural e religiosa e pela preocupação de alcançar meus objetivos de realização, segurança e de sustento, desde pequena.

Pois bem, esses homens e mulheres corajosos e sobreviventes aqui chegaram sem falar o idioma e com poucos recursos criaram suas famílias com muito esforço, um como alfaiate e outro como vendedor de móveis. Na verdade meus avós nem sabiam direito o que era empreender, porém, com muito desejo de recomeçar a vida e de oferecer o melhor às suas famílias, cada um deles dentro de seus valores, crenças e tradições construiu com coragem, iniciativa e sucesso a base para que a 2ª geração, nascida no Rio de Janeiro, já resultasse em educadores, diretores de escolas e gestores de empresas.

Tive uma infância muito saudável, confortável, assistida pelos meus pais e familiares; o foco principal era de muito estudo e dedicação a todo o processo de desenvolvimento emocional, pessoal e profissional; estudei em escola particular e tive todo o amor, carinho, atenção de meus pais; a referência de que eram pessoas e profissionais que faziam seu trabalho e atuação filantrópica comunitária com compromisso, honestidade, ética, seriedade, paixão, dedicação e que obtinham resultados positivos fez e faz toda a diferença na pessoa que sou e na família que construí junto com meu marido, anos depois; sempre fui motivada a descobrir os meus talentos e habilidades, a me relacionar com respeito, empatia e principalmente a buscar os meus reais propósitos de realização pela vida.

# A paixão pela educação e liderança pelo exemplo

Desde que me conheço como gente, com uma personalidade forte, sempre me preocupei em cuidar, ouvir e ajudar o outro e principalmente em estabelecer relacionamentos de amizade e confiança. Desde pequena, no meu quarto, minha brincadeira predileta era dar aulas às bonecas. Exercia uma liderança natural nos ambientes onde transitava e desde pequena, talvez influenciada pelo ambiente educacional e de organização dentro de casa (mãe professora, tia diretora de escola e pai gestor regional de implantação de novos projetos de inovação e tecnologia da empresa multinacional 3M no Brasil), criei, intuitivamente, o meu 1º projeto de escolinha de férias na casa de Teresópolis, sob supervisão dos olhares das educadoras da família... Simples assim... A minha veia educacional aflorou espontaneamente e foi uma vivência deliciosa, reveladora... Com 13 anos elaborei o projeto e o executei, recrutei amigos que tinham as habilidades necessárias às tarefas do planejamento a ser realizado; comprei material, preparei o cardápio de lanche, as atividades em rodízio, e durante três horas, duas vezes por semana, nos divertíamos a valer, porém com responsabilidade, cuidando de outras 15 crianças de faixa etária de seis a nove anos.

# A motivação à escolha profissional

Foi nesta época que descobri que a minha força motriz estava no processo criativo e nos relacionamentos; minha motivação era atuar como educadora e facilitadora do desenvolvimento humano de maneira inovadora, empática, construtivista, harmônica, amorosa, porém arrebatadora. Deste propósito resultou o início do direcionamento de formação profissional. Percebi a importância de alinhar meus valores, pensamentos, intuição com a minha maneira de pensar, com as emoções, com as estratégias para poder criar ações inovadoras. A paixão em auxiliar o outro me fez entender a necessidade contínua de investir na minha autocapacitação, no autoconhecimento, na ampliação do foco em novas tecnologias e metodologias para que pudesse melhor atuar na diversidade do desenvolvimento humano.

## O 1º conceito entre os valores profissionais e o exercício das funções como educadora x automotivação

O processo de educação continuada e o autodesenvolvimento das minhas competências técnicas e relacionais aconteceram dos 17 aos 35 anos com muita paixão, dedicação e intensidade; foram anos de muito aprendizado, trocas de informações e de formações, fortes questionamentos e fortalecimento de valores pessoais que me fizeram perceber num determinado momento que as restrições e limitações relativas ao processo de educação formal escolar começaram a causar-me um enorme incômodo, que gerou um crescente conflito interno; era como se estivesse aprisionando ou limitando todas as outras perspectivas e visões educacionais.

Iniciei a busca por novas capacitações, desenvolvimento de habilidades e principalmente de novas atitudes perante as "molas propulsoras" dos novos aprendizados. Sempre fui proativa e comprometida com os meus objetivos e metas. Foi neste período que fiz o curso de formação de professores no Colégio A. Liessin, Pedagogia com especialização em Administração e Supervisão Escolar na UERJ, especialização em Educação Infantil na PUC-Rio, MBA em formação de liderança estratégica e educação continuada na Universidade Hebraica de Jerusalém, especialização em Educação Continuada para Adultos na PUC-Rio.

**Mulher + Educadora + Esposa + Mãe + Empreendedora = novas escolhas pessoais**

Simultaneamente, outras questões importantes na minha vida, tais como as múltiplas tarefas, papéis e funções assumidas com o casamento, a maternidade e o gerenciamento de uma rotina familiar, ganharam destaque com duas bebês em casa com dois anos de diferença entre elas. Posso ousar dizer que minha experiência em liderança, métodos de organização, planejamento estratégico e resiliência modificou radicalmente a maneira de administrar minhas prioridades, perante os novos desafios.

Minha família transformou-se no meu maior foco de atenção; conciliar a vida pessoal e a profissional foi um momento delicado, porém meu marido me apoiou integralmente na decisão de educar pessoalmente nossas filhas e dar espaço por cinco anos à carreira de SER e ESTAR integralmente MÃE e voltar a ser estudante nas "horas vagas". Estar presente no meu presente foi o melhor presente para todos nós e o maior investimento realizado na época, visto que as duas crianças tiveram a atenção necessária para um desenvolvimento saudável e estimulante; cresceram em ambiente cuidadoso, amoroso, seguro, motivado por variadas experiências socioeducacionais-culturais que pudemos proporcionar.

Algumas pessoas me questionaram, na época, sobre o que sobraria daquela educadora motivada, mulher independente e as possíveis consequências pelo afastamento do ambiente educacional formal; porém tive a oportunidade de conhecer novas formas de aprender a aprender.... durante esses cinco anos de dedicação exclusiva à família e aos novos estudos, a introdução à internet me impactou a ponto de mudar o meu *mindset*, iniciei a minha 1ª formação de Coaching com Programação Neurolinguística, uma imersão inicial que abriu uma nova perspectiva de realização profissional; a partir daí meu olhar empreendedor enxergou todo o potencial para realizar algo inovador, que através de uma nova metodologia e técnicas diversas eu pudesse ajudar pessoas a realizarem seus sonhos, criarem novas metas, mudarem suas perspectivas, planejarem novos rumos e transformarem seus objetivos e desejos em realidade. Desde então nunca mais interrompi meus estudos, pesquisas, formações, e novas oportunidades de realização pessoal, profissional, financeira entre outras que viriam a seguir... Minhas meninas cresciam neste ambiente de educação continuada, a minha e de meu marido, que é médico, e me perguntavam então se eu não pararia nunca de estudar e a minha resposta foi... quando eu parar de respirar...

Então as formações no IBC, SBC, ICC, ICF, FGV, Inap, Design Thinking, de Mentoria e de Psicologia Positiva, cursos de Gestão Empresarial e de ferramentas de análise de perfil comportamental foram acontecendo naturalmente como uma construção de conhecimento e experiências pessoais e profissionais. Essas capacitações foram a base de aproximação da consultoria empresarial Life & Self Coach, Coaching de escolha profissional & carreira, Coaching de alta performance, mentoria de carreira, negócios e empreendedorismo; palestras, cursos, *workshops*, treinamentos de equipes, elaboração de projetos customizados passaram a ser o foco da minha realização profissional através da Sinergia Consultoria em Gestão de Pessoas & Negócios.

## Se o novo caminho se revela durante o próprio caminhar então vamos experimentar...

Mergulhei fundo na busca da minha qualidade de vida e bem-estar, com o foco em observar a essência das coisas e das situações que vivia naquele momento especial para que pudesse manter-me íntegra, inteira e motivada para os novos desafios. Minhas novas escolhas gerariam mudanças efetivas na minha vida pessoal e profissional e refletiriam na ampliação da consciência, da experiência e da qualidade e bem-estar de outras pessoas. O relacionamento cuidadoso, a empatia, o atendimento diferenciado, o acolhimento da necessidade do outro me fizeram assumir um novo compromisso comigo mesma. Depois dos cinco anos de dedicação exclusiva às meninas, tomei coragem e a iniciativa de organizar a rotina delas de maneira que obtivesse um horário possível para voltar a trabalhar.

# Então começo a reescrever a minha história...
## Nasce a Sinergia Consultoria
## www.consultoriasinergia.com

Comecei a buscar na minha essência as respostas para criar uma identidade para o novo projeto. Quais seriam a missão, visão e valores da empresa? O que gostaria de oferecer em termos de serviços e produtos que fossem percebidos como diferencial pelos meus futuros clientes/*coachees*/mentorados? Como descobrir o verdadeiro motivo da existência da nova proposta? Ela em si só geraria valor? Que ações, estratégias e relacionamentos eu precisaria construir para materializar o meu desejo pela nova empresa? Quais os valores que permeariam todo o projeto? O que levar em consideração para alcançar o sucesso desejado? Quando e como eu transformaria o sonho em realidade? Muitas foram e ainda são as perguntas e as questões que naquela época foram o fundamento de toda a transformação da intenção em realizações.

Pesquisei, conversei, busquei respostas e elaborei o meu planejamento estratégico; defini quem seriam meus potenciais clientes como *coachees*/mentorados/empresas/parceiros e a maneira que comunicaria a minha existência no mercado através do Marketing digital, além das estratégias de como alcançar os *"prospects"* no mercado tão competitivo. Foi preciso muito foco, objetividade, dedicação para buscar novas oportunidades e para conseguir produzir resultados, desenvolver-me profissionalmente e obter o reconhecimento. Não foi fácil adaptar-me às diferentes mudanças e exigências do mercado corporativo. Errei várias vezes, administrei mal e quase fali, precisei redimensionar meus passos, ser menos exigente comigo mesma, reorganizar o meu tempo de empresária com os múltiplos papéis que assumia na época e até hoje em dia para manter a minha qualidade de vida e bem-estar.

A minha automotivação e perseverança foram, sem dúvida, as molas propulsoras para construir o propósito e a realização do sonho de ajudar as pessoas a construir ou implementar as suas carreiras através do autoconhecimento e autodesenvolvimento. Sempre me coloquei à disposição como um instrumento, mais uma ferramenta para que pudessem potencializar seus melhores recursos e utilizá-los a seu favor e nos meios ambientes onde atuam e transitam.

## Ser mulher no mundo corporativo exige autoconhecimento, postura, muito conhecimento e liderança estratégica

Ao iniciar a vivência no mundo corporativo a minha percepção sobre como deveriam ser estabelecidos os relacionamentos, a postura profissional, entre outros aspectos fundamentais no âmbito do fortalecimento das minhas próprias competências, habilidades e atitudes, precisou ser ressignificada para que eu pudesse sobreviver naquele meio ambiente essencialmente masculino, competitivo ao extremo e preso a realidades estanques; precisaria mostrar que poderia ser tão competente tecnicamente como eles ou até mais, sem ter que vestir a essência masculina e principalmente sem ameaçá-los. Senão, certamente seria "carta fora do baralho".

Estabelecer gradativamente a confiança através das competências e atitudes profissionais, mostrando que estava ali como consultora parceira contratada temporariamente, que não pretendia tomar o cargo deles, nem sequer tirar-lhes o poder, foi um exercício de resiliência e de construção de confiança para todos os envolvidos. Meu propósito era, e continua sendo, agregar valor ao processo de desenvolvimento dos profissionais em seus papéis e funções profissionais para que alcancem a performance desejada, além de compreender melhor a cultura organizacional de cada empresa na qual prestei e ainda presto serviços para gerar possibilidades de mudanças positivas e duradouras, novos resultados e principalmente ampliar a qualidade dos relacionamentos e da vida corporativa como um todo.

Em 25 anos de atuação como consultora empresarial, *coach* e mentora de carreira, de liderança estratégica, alta performance e de negócios, muitas mudanças ocorreram desde então; nós, mulheres, ganhamos respeito e espaço de atuação nas empresas com muito esforço, determinação e principalmente com muita capacitação.

Minha recomendação para quem pretende atuar nas áreas corporativas é que tenha claro o seu propósito profissional, que ele esteja bem dimensionado a curto/médio e longo prazos, faça a sua capacitação permanente em instituições validadas pelo MEC, entre outros órgãos, que a certificação seja reconhecida em âmbito nacional e internacional, carimbe o passaporte e experimente outras percepções em âmbitos sociocultural e educacional, que tenha paixão pelo que propõe e implementa, faça estágios em empresas para validar o próprio aprendizado durante o processo de autocapacitação, esteja atualizado quanto às novas tecnologias de informação e de mídias sociais e profissionais, construa com cuidado o seu *personal & profissional branding* de forma sustentável, pois na minha percepção nós somos a marca/o serviço e o produto a ser oferecido no mercado. Construa sua rede de relacionamento com pessoas e profissionais que sejam parceiros, que inspirem e impulsionem a sua carreira; que tenham muita resiliência e autoconhecimento para não se perderem na correria, nas novidades e demandas do cotidiano. A realidade nua e crua é que o mundo corporativo é um setor ainda muito competitivo, proativo, motivador e desafiador, que nos exige múltiplas competências técnicas, atitudinais e emocionais para que possamos desempenhar com êxito a nossa missão e propósito de auxiliar as pessoas a entrarem em contato com seus sonhos, realizar suas metas, objetivos e desenvolvimento profissional e pessoal com sucesso.

Hoje, aos 55 anos bem vividos e viajados, tornei-me mais criteriosa e focada em permitir-me certos luxos, tais como cuidar mais de mim, da mente, do corpo, ampliar a minha qualidade de vida & bem-estar através de momentos socioculturais e filantrópicos, a focar nos meus propósitos, ampliar a minha inteligência emocional e o meu olhar sem pré-julgamentos, voltar a viajar para lugares inspiradores para a alma, trabalhar e estabelecer parcerias com pessoas que admiro e em quem confio, escolher os projetos nos quais quero me envolver e, principalmente, continuar por muitos anos a desenvolver e empreender atividades que me proporcionem prazer e sustentabilidade. Tive e tenho contas pra pagar, problemas pra resolver, medos e rasteiras pra superar, inseguranças, fracassos e sucessos, sou um SER vivente em plena consciência e responsabilidade por minhas escolhas, decisões e desenvolvimento. Tenho poucos e ótimos amigos, que não vendo, não troco e não empresto, como sempre digo... muitos entraram, passaram e saíram da minha vida, outros continuam entrando, alguns permanecem, outros não; apesar de agora sentir-me mais seletiva, acolho a todos com a mesma alegria e respeito. Entendo que todas as pessoas com quem já convivi, as com que convivo e as com que ainda conviverei são presentes oportunizados pela vida, um aprendizado especial, possibilidades de troca, experiências e principalmente de crescimento pessoal e profissional. Enfim, estou de bem com a vida!

## Considerações finais

Como *coach* e mentora de escolha profissional, carreira e alta performance compartilho com vocês as 15 melhores **#dicasdasuacoachbetty**

1. Construa uma visão clara do que deseja alcançar.

2. Amplie o equilíbrio emocional e o autoconhecimento.

3. Seja disciplinado e amplie a crença positiva em resultados.

4. Perceba as suas competências, habilidades e atitudes nos relacionamentos e o que pode melhorar.

5. Busque os melhores recursos internos e externos para criar ações que estejam alinhadas com os valores e crenças pessoais.

6. Defina objetivos, metas e comprometa-se com as suas escolhas, decisões e com o processo de mudanças.

7. Troque hábitos e atitudes com consciência e responsabilidade.

8. Esteja sempre disposto a aprender coisas novas, expanda sua consciência e *mindset* (sua forma de perceber e entender o que o cerca)

9. Honre e respeite a sua história e experiência de vida, pois fazem parte de sua identidade.

10. Busque o propósito dentro de você, ele precisa estar alinhado aos seus reais interesses, paixão e vontade de realizar.

11. Preste atenção aonde busca as oportunidades ou como melhor criá-las ou encontrá-las.

12. Encontre o que o faz feliz e realizado, amplie sua qualidade de vida, os relacionamentos saudáveis, os seus conhecimentos.

13. Responsabilize-se pelas suas novas escolhas e comprometa-se com elas, colocando-as em ação.

14. Busque o significado para o seu autoconhecimento e autodesenvolvimento, uma razão para ser proativa.

15. Tenha coragem, foco, fé na sua vontade de realizar e inovar.

**O sucesso é SER quem você desejar no momento em for apropriado!**

# Valores para a vida toda

Camilla Costa de
Carvalho Rachid

4

## Camilla Costa de Carvalho Rachid

Formada em Medicina pela Universidade de Nova Iguaçu (RJ), 1999. Especialização em Cardiologia pela Santa Casa de Misericórdia e Hospital Pró-Cardíaco 2002. Ecocardiografia e Doppler Vascular. Gerente de multinacional francesa com pesquisa e desenvolvimento. Assessoria científica multinacional brasileira e argentina. Médica da unidade de dor torácica do Hospital Américas. Sócia da clínica particular Cardiosister, consulta e exames cardiológicos, na Barra da Tijuca (RJ), convênios e particulares.

Contato:

dracamillacardio@gmail.com

Meu nome é Camilla, nasci em 1975, na cidade de Nova Iguaçu, Rio de Janeiro. Sou a filha mais velha e tenho uma irmã nove anos mais nova que eu. Fui criada na minha cidade natal, pelos meus pais. Minha mãe, Maristela, é paulista do interior, de Ribeirão Preto, e meu pai, Hélcio, nasceu também em Nova Iguaçu.

Minha família era de classe média, minha mãe professora primária e meu pai trabalhava em uma empresa de telecomunicações, como funcionário público, até o dia da infeliz privatização. Mas esse é um assunto para mais à frente.

Sempre me dei bem com meus pais e todo o tempo me protegeram da violência do mundo. Desde pequena eles deixaram bem explícita a importância do estudo. Logo percebi que para mudar precisava estudar e ter foco nos meus objetivos. Desde jovem estudava muito e tirava as maiores notas da turma.

Meus pais eram pessoas que tinham valores diferenciados.

Valores que são discutidos e abordados hoje em dia nunca foram tabu em minha família. Meus pais sempre me ensinaram a respeitar o que poderia ser diferente de nosso modelo familiar. Nunca foram racistas, ou homofóbicos, ou presos a algum estereótipo.

Não tive os olhos verdes de minha mãe, dona Maristela. Eles me ensinaram a não desdenhar de alguma colega mais gordinha ou até mesmo de alguém que tivesse problemas escolares. Nunca pratiquei *bulling* na escola e por sorte também nunca sofri.

Minha mãe foi minha inspiração durante a vida, por sua coragem ao enfrentar os desafios da vida. Ela foi adotada em Ribeirão Preto, e perdeu o pai aos 11 e a mãe aos 12, foi criada pela avó, que foi para Nova Iguaçu, onde havia alguns parentes. Minha mãe teve amor de pai e mãe por muito pouco tempo e se casou muito cedo, sem experiência de vida, e tentou fazer o seu melhor junto ao meu pai.

Desde muito jovem eu observava as pessoas e o seu comportamento e assim descobri que se você quer alguma coisa é você que tem de lutar por ela.

Aos 16 anos entrei na faculdade da cidade, meu pai precisou assinar a documentação, pois afinal eu era menor de idade. Logo que passei, meu pai trabalhava em uma empresa estatal, quando de repente aconteceram as privatizações no país no governo do Fernando Henrique Cardoso. E assim começa a minha odisséia espacial. Precisava fazer monitoria, dar plantão remunerado como acadêmica, e ainda manter o nível das notas muito elevadas para conseguir desconto na mensalidade.

A biblioteca era minha melhor amiga, pois não tinha dinheiro para comprar todos os livros, e logo fiquei craque em resumos. Meus resumos eram disputados até por aqueles que poderiam comprar seus livros. Bem, depois de seis anos, me formei e me casei, não tive festa de formatura, pois era muito cara e resolvi economizar para o casamento. Formei-me em agosto de 1999 e casei-me em novembro do mesmo ano. Passei para a melhor especialização que havia no Rio de Janeiro, pelo menos na época, na Santa Casa, que era vinculada ao Hospital Pró-Cardíaco. Não era nada fácil morar em Nova Iguaçu, ir estudar no centro e ter de chegar às 7h00 da manhã. Eu e meu marido acordávamos por volta de 5h30 para poder pegar o ônibus, ele descia no centro, na seguradora na qual trabalhava, e eu ficava no próximo ponto. A propósito, o nome do meu marido é João, e ele me recomendou: "Fale bem de mim nesse livro, afinal, estou com você todos esses anos".

Escolhi a Cardiologia como especialização, estudava e dava plantão aos finais de semana. Depois que terminei a Cardiologia fiz o curso de Ecocardiografia com Doppler colorido na Santa Casa. Consegui trabalho em várias clínicas de Nova Iguaçu até que abri meu próprio consultório. Trabalhava com Ecocardiografia, teste ergométrico e Medicina Nuclear. Mas precisava de algo mais, porém, o medo do desconhecido, de estar longe da família era enorme. Destaco que ainda consegui passar em concursos públicos para Angra dos Reis e Mangaratiba.

Certa vez, um dos homens que estavam dentro do ônibus para Angra – sim, às vezes era apenas eu de mulher às 4h30 da manhã no coletivo – falou: "Sai desse lugar que ele é meu". Não havia mais lugares e só eu de mulher, ele preferiu ser covarde, foi quando eu disse que ele teria de me arrancar dali, pois não tinha medo de homem. "Meu marido tem o dobro do seu tamanho e não tenho medo dele, você não me intimida." Um senhor bem mais velho que estava sentado atrás falou para o cidadão: "Sente aqui e deixe ela em paz!" Eu agradeci ao senhor, que deveria ter filhas e sobrinhas.

Fiz prova para Marinha, Exército e passei em ambas. Passei em vários concursos públicos, o coitado do marido era levado para todos eles, e ele falava "mais um, Camilla?" Mas eu queria algo maior e diferente. Um dia olhei para o céu e conversei com Deus, e supliquei que queria conhecer outros lugares, outras culturas!

Até que recebi um dia uma ligação de uma empresa que estava fazendo processo seletivo para uma indústria farmacêutica francesa. O processo demorou seis meses, e eu teria que fazer um estágio na França e outro na Espanha.

Bem, não falava Francês, falava Inglês, mas nunca havia feito intercâmbio, e morava longe da empresa, que ficava próxima à Barra da Tijuca. Tinha carteira de motorista, mas não era acostumada a dirigir para longe. E justamente nessa época meu marido passou no concurso da Petrobrás e teria de ir para a Bahia.

O que aconteceu? Lá fui eu rumo a Paris e ele para a Bahia.

Não foi fácil, imagine eu na França falando Inglês e tentando entender Francês.

Eu pegava todos os jornais de lá e lia, lia rótulo de tudo, lia cada outdoor para tentar aprender o que fosse possível. Visitava cada museu e lia a respeito. Depois voltei ao Brasil e fiquei em torno de um ano na empresa. Posteriormente, já morando na Barra fui me acomodando e conseguindo empregos na cidade.

Esse emprego foi um grande divisor de águas na minha vida, pois nunca havia viajado para o Exterior, falando quatro línguas ao mesmo tempo, ou tentando.

Inglês, Português, Francês e Espanhol, poxa vida. Fiquei longe de todos, de todas as pessoas que poderiam me dar apoio. Mas chorava, olhava para cima e conversava com um amigo fiel, DEUS. Esse entende qualquer língua.

Imagina eu tomando metrô em Paris daqui para lá, de lá para cá.

Se me perguntarem se sofri assédio e/ou discriminação e preconceito na vida, a resposta é sim, passei por todos eles, uns de forma mais velada que outros.

Sempre fui megaloira e se você é loira vai ser tachada de

burra. É claro que falei Francês errado, também errei em todas as outras línguas e isso é claro que aborrece as pessoas.

Sabe, "assim caminha a humanidade, em passos de formiga e sem vontade", já diz a música de Lulu Santos.

Se você acha que vai receber elogios da sua chefia e que tudo que você for fazer vai ser um sucesso, então você precisa parar e refletir.

Poucas pessoas são humildes a tal ponto de reconhecer que o que você faz ou fez é tão bom, ou melhor, que o que elas fizeram.

Em 20 anos de formada, posso citar um amigo médico cardiologista chefe de Laranjeiras, que tem o melhor currículo do mundo, também morou em Nova Iguaçu, e que ainda assim ajuda e elogia as pessoas. Lembrem-se: poucas pessoas são assim, têm esse conteúdo e ao mesmo tempo a capacidade e simplicidade de ajudar. É o dr. César Augusto do Nascimento, um dos maiores nomes da Cardiologia no Rio de Janeiro.

Eu aprendi como é necessário um pequeno elogio para quem está trabalhando com você e para você.

Nós reclamamos o tempo todo que ninguém reconhece nosso serviço, mas às vezes até nós esquecemos de reconhecer pequenos feitos de quem está ao nosso redor, podendo assim criar um ambiente muito mais salutar para o trabalho.

Toda área apresenta sua dificuldade, o que fazer e qual é o termômetro para saber que você está fazendo o certo?

Primeiro, se você trabalha com pessoas, dê atenção a elas, escute com carinho, examine a situação pela qual elas estão passando e como se sentem naquele momento.

Cada paciente é uma impressão digital e você tem que examiná-lo e levar em conta todo o contexto de vida dele. Isso é treinamento contínuo, mesmo para as histórias mais tristes que tenho de enfrentar todos os dias.

O mais difícil é uma notícia de mal prognóstico. A pior parte do meu trabalho é dar a má notícia para as pessoas que realmente amam aquelas que estão com problema grave de saúde. Até hoje isso me dói, mas não acho ruim, esse dever me faz viva e capaz de ter humanidade pelo próximo. O acolhimento destas pessoas é fundamental para o sucesso do meu trabalho.

Sabe, leitor, às vezes ficar esperando um elogio do seu gestor é menos importante quando você percebe que fez a diferença na vida inteira daquele paciente e dos parentes dele.

Aprenda a escutar as críticas e os elogios, mas você tem que criar seu filtro. Esteja sempre com uma sacola aberta, o que for bom e útil fica e o que não precisar você joga fora. Nem todos são iguais, sentem igual ou trabalham exatamente igual, mas em algumas empresas e na Medicina existem procedimentos operacionais padrões que precisam ser realizados, então não adianta você querer mudar as regras.

No Rio de Janeiro existem muitos cardiologistas de excelente qualidade, e para manter o sucesso nunca devemos parar de estudar e de nos atualizar, buscar inovação para o consultório, como compra de novos equipamentos para sua clínica.

Não pense que é fácil, tive que abrir mão de viagens e coisas que quis comprar para priorizar o profissional. O tempo com a família é do que mais nós abrimos mão, sem idas à praia em dias lindos de verão, porque lá estamos nós de plantão sem saber se é dia ou noite. Perdemos casamentos de família, aniversários, dia dos pais, dia das mães, Natal, Ano Novo, carnaval, não é fácil, é muito foco e vontade de tudo dar certo. Outra importante escolha que tive de fazer foi de ser mãe apenas aos 38 anos, pois trabalhei e estudei muito, e convencer o marido foi outra luta.

Você ganha e perde todos os dias. Ter sucesso contínuo é uma utopia. Para mim funciona assim: esta semana mandei muito bem no plantão, esta semana mandei muito bem como filha e como mãe, esta semana consegui agradar o marido.

Devemos entender que somos humanos, e que cuidamos de outros humanos como nós.

Teremos nossos momentos de glória, de sol, de brilho e sorriso, mas também enfrentaremos problemas pessoais os quais não devem interferir na vida profissional, ou caso interfiram que seja muito pouco.

Todos os dias eu tento me superar, não existe a falta do medo, existe o respeito ao sentimento, mas quando você vai para uma emergência cardiológica você pode pegar o pior cenário e precisa ter paz, calma e trabalhar para mudar o cenário na medida do possível.

Eu estou sempre com Deus e minha equipe. Lembre-se de que trabalho em equipe é fundamental. Todos os envolvidos, desde o pessoal da limpeza, recepção, internação, enfermeiros são importantes. Você confia em Deus, em você e caso tenha dúvida não hesite em perguntar e estudar o assunto até se sentir confortável.

Olha, passei por uma situação bem difícil, meu pai estava com dor no peito, e o levei ao hospital em um dia caótico, quando o colega cardiologista me disse: "Camilla, estou muito atrapalhado, me ajuda que eu examino seu pai". Lá fui eu, coloquei o jaleco, comecei a atender um paciente, para que meu colega atendesse meu pai. Resumindo: meu pai colocou dois *stents* naquela noite. Nessa situação vi como Deus me ajudou, consegui ajudar meu pai sem ter tempo para sofrer, pois estava ajudando também o pai de outra pessoa e tudo deu certo no final.

Hoje conquistei um consultório, cheio de pacientes que amo, adoro trabalhar com Cardiologia no ambulatório e na emergência.

Através da Medicina, consegui ser mais resiliente, paciente e humana com a contrariedade do próximo.

Minha família sempre foi minha maior incentivadora, mesmo após o nascimento do meu filho, meu pai foi o que mais me ajudou, não é à toa que meu menino tem o nome do avô.

Queridas leitoras, eu caminhei muito para chegar até aqui, muitos irão criticá-la, outros vão lhe estender a mão pela metade. Quer saber? Tenha fé primeiro em Deus e em você e tudo que fizer faça com amor, e chame pessoas com o mesmo poder que o seu para fazer parte de sua equipe. Caso você não possa escolher essas pessoas, faça-as gostarem de você, faça com que elas a respeitem e, o mais importante, respeite-as também.

Resumidamente, sou uma pessoa simples, que enverga mas não quebra, quebrar não, nem dou esse gostinho aos outros, chorar faz parte, sofrer faz parte, às vezes dói mesmo, e vai doer por um bom tempo. Seja prático, rápido, e aceite o que não dá para mudar até o momento que achar isso confortável para você. No momento que achar mais propício mude o roteiro, mude a rota, com segurança, mas se achar necessário mude. Você é capaz de muito, creia em Deus, tenha fé, pense no coletivo.

Minha carreira me deixa feliz, mas outras coisas me trazem felicidade. Ter tempo para meu filho, mar, piscina e que tal uma viagem em família com sabor de chocolate? Vamos lembrar que adaptação é o segredo. Vamos nos adaptando à felicidade.

Um dia fui fraca, um dia sofri, um dia dormi, mas veio o tempo, o vento e resolvi ficar forte, sorrir, gargalhar, espirrar, tossir, viver. A vida não é uma linha reta, nem a minha nem a de ninguém. Ajuste seus objetivos, coloque metas verdadeiras e faça o bem ao próximo, e espere que o bem vai retornar pelas mãos de quem DEUS DETERMINAR.

Dedico este livro a minha família, pai, mãe, irmã, meu marido, meu filho e aos pacientes, inclusive os que já não estão mais presentes neste plano físico, e agradeço a DEUS pela vida que ele me ensinou a adaptar.

**Acredite em você!**

**Transforme o "não" que parece limitante em força geradora de realizações.**

**Ressignifique!**

Cláudia Danienne

## Cláudia Danienne

Empresária, sócia da Degoothi Consulting, consultoria voltada para ajudar outros profissionais que respiram excelência, seja em gestão, desempenho ou em inovações. Possui forte experiência como executiva de Recursos Humanos e Serviços. Treinar, desenvolver, mentorar sempre fizeram parte da sua trajetória. Atuando como líder de pessoas e processos, é uma "apaixonada" por tudo que é ligado a inovar, fazer diferente a partir de um olhar cuidadoso aos detalhes. Atuou na PWC como *trainee*, evoluindo para consultora, e no Grupo Amil por 18 anos, seguindo na Amil-UnitedHealth Group por quase cinco anos, como diretora de RH & Qualidade, e depois, diretora executiva Brasil de RH. Psicóloga de formação e há mais de 22 anos no mercado profissional lidando com GENTE. Possui *background* eclético, com passagens por universidades e escolas de negócio renomadas no mundo e no Brasil, como Harvard Business School e MIT em Boston USA, INSEAD em Fontainebleau, França, Disney Institute USA, Coppead e IBMEC, RJ, entre outros, onde complementou sua formação com cursos voltados para gestão estratégica, pessoas, serviços, inovação e liderança. Nas experiências em empresas nacionais e ou multinacionais, como executiva ou empresária, vivenciou processos de fusão e aquisição, abertura de capital – IPO, implantação de universidade corporativa, movimentos de *change management* e cultura corporativa, processos de *engagement*, projetos voltados para hospitalidade e atendimento, programas de *trainees*, desenvolvimento de alta performance em líderes, mentoria, projetos de qualidade, clima, desempenho etc., experiências em que liderou processos e pessoas fundamentais para uma entrega como um legado!

É *chairperson* do comitê de RH estratégico na Amcham RJ/ Brasil – Câmara de Comércio Americana, membro da Câmara Francesa, palestrante e mentora.

Atuo há mais de 20 anos com pessoas e desafios profissionais ligados a gestão de pessoas e desenvolvimento, seja como executiva em grandes empresas como líder de RH, orquestrando diferentes perfis com suas histórias de vida, vindos de culturas diversas etc., seja como empresária também ligada a gestão de pessoas e processos, participando de diferentes projetos, palestras, treinamentos em clientes e seus negócios, aprendendo dia após dia sobre relações interpessoais e a pluralidade do ser humano.

Tenho uma coletânea de episódios e ao aceitar compartilhar com você, leitor, um pouco de como penso, pode estar certo de que é com muita humildade de querer deixar uma mensagem perseverante. Pois dificuldades todos nós passamos em alguns momentos – é utópico achar que *"a grama do jardim do outro sempre está mais verdinha"*. Isto não existe no mundo real.

O que existe, sim, acredito com convicção, é a sua atitude de transformar o que parece ser limitador em força para seguir, aprender, inspirar, fazendo com que experiências sejam uma marca, sabe, tal qual uma assinatura de que você tem orgulho, de como você quer passar por esta vida.

Quem me conhece sabe que falo sempre sobre buscar aprendizados em toda e qualquer oportunidade. Sou exigente com isto (rs)... É cruel conversar com alguém que não absorve nada de positivo das vivências. Seja uma ida ao cinema, mesmo que o roteiro seja ruim, que tal a música? Que tal a cenografia? Que tal as representações? Que tal a pipoca (se não sobrar nada)? Enfim, ache algo que valha a pena.

E SEMPRE fica um aprendizado, independentemente da simplicidade ou complexidade da oportunidade.

E nesta linha, passar pelas oportunidades como uma ávida aprendiz, confesso, faz uma diferença. Eu adoro conhecimento, aprendizados – estudar. Ahhh, Harvard, MIT, INSEAD, Disney Institute... deu um certo tom nostálgico agora (rs). Mas, já estou indo em breve para a Alemanha, me aguardem no próximo livro.

Oportunidades que vivenciei e em minhas palestras meus olhos brilham quando compartilho "os *cases*", e tenho certeza de que levarei para uma vida toda. Não unicamente o conceitual (óbvio que este é muito forte em cada instituição de ensino mencionada), mas, falo sobre a grandeza da EXPERIÊNCIA em si - interações com os outros alunos vindos da Ásia, Europa, Américas. Os mestres com uma sabedoria instigante, os materiais didáticos, as horas sem dormir estudando e tendo dificuldades (não foi fácil não, rs.), imagine quantas culturas diferentes nos trabalhos de grupos? Quantas percepções pelas experiências pregressas? Quantas formas de ver o mundo expostas? Quantas barreiras vencidas com muito esforço pessoal? Ufa, não é um conto de fadas. E para ninguém, não é mesmo?

Lições e experiências que me fazem ser uma defensora da filosofia e da prática de que a diversidade promove, de fato, resultados grandiosos. Mobiliza para soluções incrementais.

Agora, tem que ter muitooooo esforço. Temos que ter garra, acreditar, transformar o que impede. E só depende de nós.

Do contrário, lá vem a figura do "NÃO" limitador.

Já pensou que tédio, que robotização, que mesmice trabalhar com pessoas que pensam igual? Reagem igual? Sentem igual? Aprendem e ensinam igual?

Uma coisa é a sinergia em prol de um propósito, outro aspecto é a forma que se constrói e chega até o propósito. E, quanto mais experiências, mais questionamentos, mais inferências, penso eu que o resultado será criativo, com uma assinatura exclusiva!

E esta coletânea de vivências, com uma pitada de maturidade e boa dose de inteligência emocional, me faz chegar à convicção de que o "NÃO" tem diferentes importâncias na vida.

**Sim, o NÃO é importante e estimulante.**

**Basta nosso filtro para transformá-lo em gerador de resultados.**

Já parou para refletir sobre isto?

Uma vida é feita de muitas etapas. Ora ondas de satisfação, realizações, alegria... Ora, aquela onda que vem como um tsunami, com tristezas, incompreensões, negativas...

Às vezes, nos deparamos com tantos "nãos" seguidos que podem criar um aperto no coração.

Por um breve momento, se você não ressignificar, pode parecer que o universo o colocou de castigo. Parece que tudo está contra você.

Ei, nada disto. Perceba, podia ser pior.

Veja desta forma.

E se você ficar somente nesta atmosfera limitadora e conclusiva, do "meu mundo caído", pode até desenvolver doenças sérias que precisam ser diagnosticadas e tratadas com a devida atenção.

Sejam males emocionais e ou físicos, não negligencie, cuide-se.

Ou melhor, não deixe evoluir. Ressignifique, sabe, como uma prevenção ao invés de ser um tratamento.

Nosso corpo pode adoecer pelo acúmulo de toxinas da mente.

Já ouviu falar em somatização?

Sim, sentimentos mal trabalhados que fazem com que fisicamente sintamos dores – é a dor dos problemas.

Uma dor de estômago por engolir sapos redondos e parecer que está com um brejo na barriga.

"Nãos" sequenciados que perderam a oportunidade de serem ressignificados por você e por mais ninguém.

Não tem nada fácil neste tema, na verdade é uma das mais difíceis provas da vida – equilíbrio para superar.

Mas, ACREDITE em você e construa. Inove. Saia da negatividade. Seja literalmente luz no caminho. Tanto para iluminar os próprios passos, quanto os passos daqueles que têm valor para você.

Mas, o fato é: com você ou com alguém próximo, certamente já viu muitas queixas sobre isto.

Só levo "nãos". No relacionamento, no trabalho, na faculdade, no projeto, no empreender etc.

Se você for analisar a procedência do "não", vai encontrar de tudo um pouco. Não se fixe naqueles "NÃOs" destrutivos e, sim, naqueles "NÃOs" força geradora de realizações.

Em sua vida, vai encontrar algumas pessoas dizendo "NÃO", por falta de vontade genuína em colaborar. É cômodo, apenas se isentam de uma corresponsabilidade e, simplesmente, dar um "não" resolve a questão na ótica delas. Sem diálogo, sem parceria, sem vontade de somar.

Não veem nunca a possibilidade do "sim", o "NÃO" parece

ser a única palavra incorporada no vocabulário e estas pessoas se agarram a ela como se fosse um processo simbiótico.

Aqui acredito ser baixa motivação, falta de perseverança, perfil negativo perante tudo e todos.

Outras, os "NÃOs" temerosos. Aquelas que ficam em cima do muro, sem opinião própria, parecem dar uma esperança e na hora da verdade, na dúvida em clamar por um "sim' de possibilidades, evocam o "não".

E aí, temos que ser motivados, confiantes, persistentes, para ultrapassá-los e seguir na jornada, compreendendo que um "NÃO" pode representar, ao invés de limitações, infinitas novas possibilidades.

Ouvir e perceber a linguagem corporal do "NÃO" mexe com qualquer pessoa e nas mais diversas condições que possa ter sido aplicado.

Não vai conseguir...

Não dará certo...

Não apoio...

Não gosto...

Não faça...

Braços cruzados, como se a linguagem subliminar fosse "estou contrário à suas ideias, pensamento, atitude, esforço, etc.".

Mas, e se de repente você buscar RESSIGNIFICAR o "NÃO"?

Por mais complexo que seja, adote uma visão maior que a inicial que possa estar percebendo.

O "não" pode ser uma primeira etapa para uma transformação.

Lembra quando você era criança que o "NÃO" muitas vezes foi usado como um limite protetor? "Fulano, não se pendure na janela, é perigoso."

Todos nós já ouvimos isto.

Este "NÃO" tem o poder de cuidar, de desenvolver um senso de prudência, um estado de alerta...

Se for partir para um negócio novo, uma ideia disruptiva, um romance, uma meta nova, seja lá o que for, tenha esta sensibilidade holística. Quais as variáveis do "NÃO" que fazem sentido para você como um caminho - ao invés do derradeiro "não" sinônimo de "sem chances".

E segue o pensar na linha do "NÃO" cauteloso, aqueles que ajudam no processo de composição de cenários, antevendo questões, colocando sinais de contingenciamento. Eu diria um "não" necessário para limites e com um viés bem camarada para ajudar, por mais que momentaneamente, seja na fase infantil ou adulta, não tenhamos a racionalidade imediata de perceber, podemos validar um pouco mais à frente a importância do mesmo em nossas vidas.

Veja, já encontramos significados potencializados na interpretação do "NÃO".

**A mensagem aqui é: ressignificar. Acreditar em você!**

**Não permitir que os outros ou você mesmo deixe de acreditar nas possibilidades, sonhos, como desejar nomear. Lembra? Falamos isto logo no início desta mensagem.**

O que pode parecer um "NÃO" de fim pode ser um promissor recomeço, levando-o a buscar novas alternativas, respostas, soluções, mobilizando-o para ser uma pessoa melhor.

**Não desista, tente, tente, tente...**

**Prepare-se para a jornada. Nada é fácil. Estude, ouça, observe, seja humilde para se desculpar, para buscar aprender, para compartilhar...**

**Veja que o ponto de diferença como a grande dica não é a teimosia e, sim, a perseverança com a qualificação de vida.**

Quando estiver com dificuldade para achar coisas que valham a pena, reprograme seu cérebro para algo que o faça ter forças. Que o mobilize a ação. Sabe, como mudar uma página na vida?

Novos projetos, novas metas, novas amizades, novos caminhos, valorize mais a sua família, invista em lazer, faça esportes, adote um bichinho de estimação, cuide de um jardim, aprenda a bordar, pinte rabiscos aleatórios que para você dizem tudo, faça uma panela de brigadeiro (oops, desculpe esta autora, escapou uma paixão, os doces, rs) e, principalmente, cuide-se: você precisa avaliar se não tem aspectos que precisa mudar e não transferir a responsabilidade para o outro.

Na verdade, é um exercício de atitude.

O "Não" está fazendo o que com você? Ou melhor, o que você está permitindo que ele, "o NÃO", faça?

Às vezes, requer uma dose de coragem, tomar fôlego e ACREDITAR que tudo vai dar certo? Planeje, se estruture e mude.

Hoje você pode estar em uma realidade não favorável, mas tenha garra para mudar esta realidade.

Projete pensamentos do bem.

Imagine que tudo dará certo, que você vai estar radiante de felicidade. E que o último "NÃO", na verdade, foi um valioso "SIM" para tudo de bom que você tem capacidade para ser e realizar!

Estou certa de que você será feliz. Estou torcendo por você.

Vamos lá, entusiasmo!

Felicidades e obrigada por seu tempo e dedicação com esta leitura.

Um forte abraço.

# Ser feliz sempre

Cláudia Quintas

6

## Cláudia Quintas

Formada em Fisioterapia desde 2002. Pós-graduada em Reabilitação do Sistema Musculoesquelético e Desportiva. Pós-Graduada em Quiropraxia.

Formação em Podoposturologia e Confecção de Palmilhas Posturais. Cursos em Terapia Manual, Crochetagem e Kinesio-Taping.

Sou carioca, nascida na cidade do Rio de Janeiro-RJ, no ano de 1970. Fui criada com muito amor pelos meus pais, numa família de quatro pessoas, eu, meu irmão e meus pais. Eles sempre foram pessoas importantes em minha vida. Minha mãe recebeu pouca educação, por pertencer a uma família grande e com recursos financeiros bastante limitados. A prioridade foi destinada para poucos irmãos e ela era a caçula, mas nem por isso deixou de ensinar a mim e meu irmão valores preciosíssimos para nos tornarmos pessoas do bem. Meu pai conseguiu ter formação acadêmica, se formou administrador de empresas.

Meus pais me deram, acima de tudo, uma educação que considero especial! Valores que carrego o tempo todo comigo, até hoje. Respeito, amor, compreensão, justiça, verdade e tantos outros que poderia citar.

Outra pessoa importante para mim é minha madrinha, Leiza, psicóloga, determinada, ousada para uma mulher do seu tempo. Meu amor por ela é infinito, apesar de hoje não nos vermos com tanta frequência. Na minha infância ela era minha heroína.

Posso dizer que tive um pouco de dificuldade para chegar até a Fisioterapia, mas acredito também que tudo tem seu tempo certo. Fiz vestibular aos 17 anos de idade, para arquitetura, mas na verdade queria ter feito para Belas Artes. Acabei optando por Arquitetura por achar que teria mais sucesso nessa profissão. Confesso que em 1987 não havia muito que escolher. As profissões mais cotadas eram Direito, Medicina, Engenharia e Arquitetura. Acabei optando por algo que não desejava e isso me afligia, pois via meus amigos dando continuidade às suas escolhas e para mim é como se o tempo não passasse. Essa sensação era muito ruim. Foi então que resolvi trabalhar para poder pensar e tentar encontrar algo que me desse realmente sentido.

O tempo foi passando e o desejo de encontrar meu caminho foi aumentando, até que a vida me presenteou com um bom companheiro e nos casamos. Bem, uma mulher casada, porém incompleta, pois profissionalmente ainda não havia encontrado minha inspiração. Decidi, então, fazer vestibular para Educação Física, pois nessa época já praticava esportes com muita intensidade para passar o tempo (rs) e isso despertou meu interesse pela profissão. Mas, devido a minha vida turbulenta, com diversas mudanças de cidade, pois até então meu marido, oficial do Exército, era transferido e isso dificultou mais ainda minha formação. Numa dessas mudanças, saímos de Santa Maria, no Rio Grande do Sul, e fomos para Resende, no Rio de Janeiro, e o que aconteceu é que minha vida virou de cabeça para baixo. Tentei realizar minha transferência da UFSM (Universidade Federal de Santa Maria) para uma faculdade particular em Volta Redonda, ainda na Educação Física, porém tive dificuldade por causa de carga horária. Foi, então, que uma pessoa próxima me alertou sobre a abertura do curso de Fisioterapia em Barra Mansa-RJ.

Decidi ir até lá e acabei me matriculando e me encantando pela universidade, e é aí que entra na minha vida a Fisioterapia! Apaixonei-me pelo curso assim que iniciei (1999) nas aulas. Pensei e disse a mim mesma: "Era isso o que eu queria!" Completei o curso em 2002 e nesse tempo acabei tendo alguns percalços, como o fim do meu casamento, mas depois de formada retornei à minha cidade natal e foi aí que comecei minha carreira.

Então, hoje sou fisioterapeuta, com pós-graduação em Reabilitação do Sistema Musculoesquelético e Desportiva, pós-graduada em Quiropraxia, possuo formação em Podoposturologia e outros cursos na área de terapia manual.

Comecei a trabalhar no Rio de Janeiro em Fisioterapia respiratória num hospital na Vila da Penha. O maior desafio foi, sem dúvida, o salário, que na época era muito baixo e, como eu ainda era uma jovem aprendiz e recém-divorciada, tinha dificuldades para me manter financeiramente. O outro desafio era fazer com que as pessoas entendessem que a Fisioterapia era uma ciência incrível, mas que ainda era muito mal compreendida. Enfrentar essas duas grandes dificuldades não foi fácil! Levou um bom tempo, mas nunca perdi minha esperança de que dias melhores viriam! Investi em bons relacionamentos e contatos profissionais, em cursos e o ponto-chave foi quando fiz a mentoria em empreendedorismo. Nesse momento de busca por algo maior encontrei muitas respostas sobre mim e minha amada profissão. Quando você se compreende melhor, se torna capaz de transformar sua própria vida!

Obstáculos sempre surgirão, eles fazem parte do nosso crescimento, mas hoje acredito que estou pronta para superar o que vier. Muitos dos que tive de enfrentar achava que não conseguiria, mas cheguei à conclusão de que depende só de mim atravessar portas. Ainda quero conquistar muitas coisas e, por isso, venho me fortalecendo profissionalmente e também na minha vida pessoal.

Sofri assédio, sim, por colegas de trabalho! O assédio era muito comum em hospitais. Não sei como é hoje, pois não atuo mais nessa área, mas era só ver uma novata que colegas de profissão e de outras a viam como "carne nova no pedaço". Ficava triste com isso, mas soube superar. Na verdade acredito que isso aconteça em várias profissões. Preconceito, talvez, pelas pessoas que não compreendiam o real papel da Fisioterapia, muitas por acharem que todo fisioterapeuta era um médico frustrado. Essas pessoas não sabiam nem ao menos que na nossa formação tínhamos aula de anatomia (rsss).

Diria que hoje já não tenho nenhum grande temor. A Fisioterapia tem crescido muito e se destacado em diversos setores da saúde. Na verdade, tenho apenas a preocupação de adoecer e não poder executar minhas funções, por isso, cuido bem da minha saúde. Sabemos também que as dificuldades que o nosso país nos impõe no atual momento contribuem para muitas incertezas, mas acredito que o segredo para enfrentá-las esteja no desejo e empenho para superá-las.

Minha área de atuação vem crescendo rapidamente. O mercado está aberto, basta buscar as ferramentas para a evolução. As mídias digitais estão aí à nossa disposição, então vamos aproveitar! Minha estratégia tem sido buscar conhecimento cada vez mais nos cursos de marketing digital, além, é claro, do aperfeiçoamento em técnicas na minha área de atuação.

Durante esse tempo em que comecei a atuar como fisioterapeuta, na verdade canalizei minha energia para o que achei mais importante. Pretendo em breve aproveitar mais a vida, fazendo muitos passeios e viagens, que são meus *hobbies* preferidos. Abrir mão de algumas coisas é necessário. Se você deseja crescer profissionalmente ou se deseja ser mãe integralmente, terá que abrir mão de algo. Acredito que a mulher viva por etapas, diferentemente do homem. É indiscutível que nós temos uma responsabilidade maior em nossa vida, que é dividida entre ser mulher, mãe, profissional, etc. etc. etc. Resumindo... Não é nada fácil!

A vida por si só nem sempre é justa, mas acredito que, mesmo assim, podemos mudar o rumo das coisas e ter sucesso, sim! Sempre acreditei que: "Querer é poder!"

Minha estratégia principal é manter o bom humor! Sentir-me bem comigo mesma é o meu segredo. Busco sempre fazer as coisas que quero e gosto. Não faço coisas apenas para agradar aos outros. Sou feliz assim! Cuido bem de mim, gosto muito de olhar quem sou no espelho. Procuro estar rodeada com as pessoas que me fazem bem. Detesto mau humor e pessoas que só reclamam! Pratico o esporte que mais amo (corrida de rua), gosto de me alimentar bem, amo minha família, apesar de não estarmos sempre juntos, e, além disso, tenho a profissão que escolhi e que me acolheu. Amo o que faço!

O que mais me marcou na minha trajetória foi pensar, por um momento, que eu não conseguiria crescer profissionalmente. Tive medo! Algumas vezes achava que não teria dinheiro para investir em conhecimento e assim eu pensava que nada mudaria. O medo, às vezes, invadia minha mente. E, quando o medo se instala, com ele vêm junto pessoas que não são boas, elas sugam você! Isso aconteceu comigo, mas consegui afastá-las de mim.

Minha maior conquista, sem dúvida, foi fazer meu negócio prosperar! A busca pelo conhecimento técnico, a paciência para aceitar que as coisas vão acontecer, a fé, a esperança foram pontos importantes para atingir meus objetivos, mas coisas boas ainda virão. A dedicação continua!

Na minha trajetória tive muitas pessoas como inspiração. Entre elas, vários amigos, meus pais, mas uma pessoa foi peça fundamental, Soraya Farias, minha *coach* em empreendedorismo. Ela me fez enxergar muitas coisas importantes. Com ela aprendi muito! E o principal foi: afaste-se de coisas e pessoas que não te acrescentam nada! Por isso digo: fique apenas com o que é bom pra você. Jogue fora tudo aquilo que não presta, sentimentos ruins, dores e pessoas. Coloque metas em sua vida, tenha disciplina, seja organizada, ame-se e escolha ser feliz.

Digo com sinceridade que me acho o máximo! (rsss) Aprendi a me amar com o tempo. A maturidade também me ajudou. Sou determinada, tenho fé em Deus, sou parceira para qualquer situação, bem-humorada, muito organizada (às vezes chata... rsss) – uma típica virginiana, amorosa e que gosta de fazer as coisas bem feitas.

Sobre o que me impulsiona a continuar crescendo na minha carreira, pensar positivamente me motiva! E também tudo o que gosto de fazer, que é estar ao lado das pessoas que admiro, de cuidar da saúde das pessoas, de ajudar, de ouvir, de falar (rsss), de viver!

Orgulho-me de ser do Rio de Janeiro, porém, temos vivido momentos difíceis, mas acredito na recuperação da cidade. Temos que, juntos, todos os cariocas, cuidar mais dela.

Como mensagem final para as mulheres que querem empreender, aconselho que sejam determinadas! Acreditem no seu potencial! Amem-se e cuidem-se! Não acreditem nos que tentarão puxá-las para baixo. Acredite em você! Aposte em você!

Respeite as opiniões alheias! Não se abata com coisas pequenas, e quanto às grandes, contorne-as!

Tenham bons amigos! Tenham um amor! Sejam gratas, principalmente pela vida! Curem-se de feridas do passado! Busquem a felicidade!

# Vencendo os desafios internos e externos

Claudia Ximenes Guimarães

7

## Claudia Ximenes Guimarães

Psicóloga clínica, com experiência em atendimento infantil, principalmente a crianças e adolescentes em situação de risco e vulnerabilidade pessoal e social; treinadora e palestrante para pais e educadores. Formação em Psicologia Positiva pelo Instituto Brasileiro de Psicologia Positiva; em Atendimento Infantil na Abordagem Gestáltica pelo Instituto de Gesltalt-Terapia e Atendimento Familiar.

Sabe aquela surpresa que é muito bem-vinda e chega para alegrar a família? Essa sou eu. Meu irmão tinha acabado de completar um ano de vida e exatamente duas semanas depois eu nasci. Meu parto estava agendado para o dia 27 de junho de 1984 junto com a laqueadura, mas no dia 22 minha mãe escorregou num caroço de laranja, quando estava comemorando o aniversário da mãe dela. Pela madrugada a bolsa rompeu e meu avô paterno levou minha mãe para uma maternidade num bairro da zona norte do Rio de Janeiro, a Tijuca. Meu pai estava trabalhando e só me conheceu alguns dias depois.

Minha família materna veio do interior do Ceará, eles sofreram muito com a seca por lá, mas também têm muitas histórias para contar. A renda da família vinha da agricultura familiar, dos chapéus de palha que minha avó fazia com as filhas e tinham uma vaquinha chamada Bagadinha, da qual tiravam e tomavam o leite e com ele faziam queijo. Minha mãe é a caçula dos 20 filhos dos meus avós, veio para o Rio de Janeiro muito pequena ainda, por volta dos seis anos de vida, e foi uma das poucas que teve o ensino completo, finalizou o ensino médio com formação de professora, chamado de Normal ou Normalista. Casou-se muito cedo com meu pai, tinha 17 anos, ainda estava estudando e teve o primeiro filho com 20. Meu pai, também muito jovem, casou-se com 20 anos, com formação em Eletrotécnica, carioca com descendência italiana, filho do meio dos três que meus avós tiveram.

A minha família paterna não é tão grande, meu avô trabalhava com frete e mudanças, minha avó costurava e fazia artesanato, flores ornamentais, mas não exerceu por muito tempo essa profissão e cozinhava que era uma beleza, nos dias quentes aproveitava para vender sacolé. Meu irmão e eu somos os primeiros netos na família paterna, já na materna prefiro nem contar, tem primos que não conheço pessoalmente até hoje.

Quando meus tios maternos chegaram ao Rio de Janeiro trabalharam em hotéis e restaurantes, aprenderam tudo aqui, desde como usar um banheiro a falar outros idiomas. Aos pouquinhos foram crescendo e se desenvolvendo até que tiveram os próprios restaurantes. Atualmente só um tio ainda possui um restaurante na zona sul, outros seguiram no mercado como autônomos, outro é aposentado da Aeronáutica; as mulheres também trabalharam na informalidade e poucas com carteira assinada.

Já na minha família paterna, minha tia e meu pai prestaram concurso público e esse fato acabou trazendo, de forma implícita, que essa era a melhor saída para ter um retorno financeiro. O que fez com que eu prestasse concurso algumas vezes, mesmo sem muita vontade, em alguns até tive interesse, mas faltou mais empenho, acredito.

Agora que já revelei um pouco do cenário da minha família, vou me apresentar. Desde criança mostrava uma sensibilidade tanto com as pessoas como para com os animais e adorava desenhar. Muitas vezes extravasava minhas emoções no papel, com tinta ou lápis, ainda guardo alguns desenhos. A veia empreendedora também já estava presente, pois no primário, hoje chamado de ensino fundamental, eu fazia cartões de felicitações pequenos (Dia dos Namorados, Natal, Dia do Amigo) e minhas primas vendiam na escola, e com as moedinhas comprávamos doces. No ensino médio optei por fazer Técnico em Enfermagem, pois queria ajudar as pessoas, diminuir o sofrimento humano. Então resolvi experimentar a área da saúde por meio da Enfermagem para decidir se seria Medicina que iria fazer mesmo. Ainda bem que fiz isso, pois me ajudou muito a enxergar melhor a área, tive contato com outras profissões e foi assim que cheguei à Psicologia.

Em um dos meus estágios a professora mostrou o caso de uma paciente que estava bem fisicamente, já poderia receber alta do hospital, mas suas condições emocionais não eram boas e por isso continuava internada. Aquilo me deixou intrigada, como o nosso cérebro, ou melhor, a nossa mente é poderosa. É de onde saem os comandos, os pensamentos gerados podem nos levantar ou nos derrubar, logo, eu quis conhecer melhor esse mistério. Meu pai ainda me perguntou se eu não preferia Enfermagem ou Fisioterapia, porque tinha mais campo de atuação, o mercado de trabalho poderia ser melhor. Mas eu estava decidida. Essa é uma das minhas características, quando eu analiso e decido, procuro realizar, posso demorar a decidir e planejar, mas faço acontecer.

Durante minha graduação procurei aproveitar ao máximo assistindo palestras, fazendo estágios em diversas áreas, participando como ouvinte em pesquisa científica, fazendo cursos de extensão, porque essa área exige muito do desenvolvimento pessoal e profissional. Não basta cursar cinco anos de graduação. Foi numa dessas experiências no estágio em Psicologia escolar, em uma creche em Botafogo, que conheci uma das mulheres que se tornou referência para mim, Jacqueline Castro Pacheco. Foi através do contato com essa supervisora maravilhosa, séria, ética que escolhi a abordagem teórica a qual norteia minha atuação, que é a Gestalt-terapia. Assim que me formei ingressei no curso de formação em Gestalt para atendimento infantil e adulto. A Jacqueline continuou na minha vida pós-formada como supervisora, me dando orientações, me incentivando, encorajando, corrigindo e com o tempo se tornou uma amiga. O investimento profissional continua após a graduação e a supervisão de um profissional experiente na área é muito indicada para quem está iniciando nos atendimentos clínicos, por exemplo.

No curso de Gestalt Terapia Infantil conheci uma mulher fantástica também, que admiro muito e tenho o privilégio de ter o contato até hoje, que é a Soraya Farias. É uma pessoa de mente brilhante, criativa, pensamento rápido, tem uma visão à frente (futurista), está sempre se atualizando e é aquela que compartilha as ideias, conhecimentos, a incentiva, é positiva e busca sempre melhorar. Aliás, participei de cursos realizados pela Soraya, como o Presença Feminina e a Mentoria para Empreendedores, que foram bem significativos em minha vida e me ajudaram na realização de sonhos e alguns que ainda estão em processo.

Assim que me formei comecei a fazer atendimento clínico. Uma das dificuldades que encontrei foi devido a minha aparência muito jovem, de fato eu era nova, estava com 24 anos, mas parecia ter menos. Então algumas famílias ficavam inseguras de ser atendidas por uma jovem e até perguntavam minha idade. Percebi que tinha de mudar algo, passei a me maquiar mais, usar roupas e sapatos formais e mudar minha postura, me tornar mais profissional. A imagem pessoal conta muito, sabe aquele ditado de que a primeira impressão é a que fica? A aparência é a primeira coisa a ser notada e eu não podia continuar com aquele estilo de estudante. Não tive uma experiência profissional antes, nos estágios em Enfermagem eu usava tênis, roupa branca, cabelos amarrados, unhas bem cortadas e jaleco. Aparência não importava muito, mas psicóloga é diferente, parece bobagem, mas não é, por isso cito aqui essa transformação na imagem como um desafio.

Outra atividade que exerci logo após minha formação foi na área social, a qual amo muito. A mãe do meu primeiro namorado montou uma ONG e foi apresentar o trabalho na instituição religiosa da qual fazia parte, a coordenadora pedagógica me conheceu naquele ambiente, trocamos poucas ideias e então fui convidada a conhecer o projeto de perto, pois ela estava precisando de uma psicóloga para atendimento infantil. Essa coordenadora se chama Rosemary Brito Dias, é uma pessoa por quem sou apaixonada, muito fã mesmo. A Rose, como é chamada, tem um coração gigante, também é muito voltada para a área social, tem uma história de vida de muita superação e amor. Essa última palavra resume a personalidade dela.

Atuar na ONG, um lugar longe de tudo, de condições precárias, no município de Duque de Caxias, na Baixada Fluminense, foi de grande aprendizado para mim, realmente muito rico. Pegava três ônibus para ir e mais três para voltar, só trabalhava duas vezes por semana. Comecei como voluntária, fiquei um mês praticamente conhecendo a dinâmica da instituição e montando o projeto de atendimento de grupo para as crianças conforme a demanda, contexto social e as condições da ONG. Junto com a orientação da minha supervisora Jacqueline, iniciei o programa de atendimento às crianças e muitas vezes não tínhamos espaço físico, então eu improvisava a roda debaixo da sombra de uma árvore, ou em uma varanda, não era feita psicoterapia individual nem de grupo, era um atendimento psicoeducativo para crianças em situação de risco e vulnerabilidade pessoal e social. Esse tipo de atendimento foi novidade para a ONG, que antes tinha um caráter clínico. O trabalho foi crescendo, ganhando novas formas, se estendeu para as famílias, até que recebi estagiários, outro desafio em tão pouco tempo.

Eu sempre aceitei os desafios, isso me move, dá um medo, porque é natural, o novo nos causa esse sentimento de insegurança, mas nessas ocasiões não deixei o medo me paralisar e aceitei o desafio, até porque eu confiava também na equipe com quem eu trabalhava e tinha o apoio da supervisão, não estava totalmente sozinha. Depois de dois anos e alguns meses nessas viagens a Caxias a instituição passou por algumas mudanças e eu saí, continuei no atendimento clínico e fui aceitando outros desafios, como prestação de serviços em uma escola também em Duque de Caxias, trabalhei como mediadora escolar de uma criança com Transtorno do Espectro Autista, na Tijuca. Durante o período em que fui mediadora fiz um curso de Neuropsicologia e foi por meio desse curso que cheguei a alguns institutos que desenvolvem trabalhos com crianças em situação de risco e vulnerabilidade social, porém, uma focava nas altas habilidades das crianças e adolescentes e a outra nas dificuldades e transtornos. Mais uma vez, através do contato de uma funcionária de um desses institutos, tive a oportunidade de trabalhar por três anos como psicóloga na área que eu gosto muito, com crianças e adolescestes e no âmbito social. Uma curiosidade nesse fato é que foi meu primeiro trabalho formal, ou seja, tive minha carteira de trabalho assinada com 30 anos de idade. Foi uma boa experiência e pude aproveitar os benefícios de um empregado contratado pelo regime CLT, nesse período eu engravidei e curti a licença-maternidade com tranquilidade. Mas, como já estava com um projeto em mente, busquei a Soraya e fiz uma mentoria para estruturar e definir melhor meu nicho de atuação, conhecer melhor sobre Marketing, mídias sociais e planos de negócios. Com a chegada da maternidade minha vontade de desenvolver um trabalho com as famílias só aumentou, era uma necessidade que já percebia nos meus atendimentos com as crianças, assim como desenvolver um trabalho com os professores.

Atualmente esse é meu trabalho, além de atendimento psicológico, são os grupos de pais e educadores os quais foco nas relações, no contato que é estabelecido entre pais e filhos e educadores e estudantes, principalmente na primeira infância, que vai de 0 a 6 anos. Essa área de atuação está em expansão não só no Rio de Janeiro, você encontra bons trabalhos no Brasil, os pais hoje estão mais atentos e buscando informações sobre como criar e educar os filhos de forma positiva, sem violência, com mais respeito, preocupados com as emoções e sentimentos dos filhos. Na área da educação também é possível notar essa diferença.

O interessante que percebo nessa minha jornada são as relações que mantenho vivas, são pessoas que admiro, com quem gosto de trabalhar e estar junto, mas ao mesmo tempo acabo deixando passar muitas pessoas maravilhosas também, e esse é um desafio para mim. Como psicóloga e empreendedora devo cuidar das relações, dos meus contatos, pois nosso trabalho depende muito disso também. O conhecido *networking*. Não apenas para crescer nos negócios, mas porque ter uma rede de apoio é importante, ter amigos na área para te incentivar e estudar junto porque sozinho o desânimo pode vencer, a caminhada parece ser mais longa e cansativa. Algumas vezes eu pensei em desistir, mudar de área, porque o retorno não é imediato e muitas vezes queremos ver logo o resultado da nossa dedicação, do nosso trabalho, mas aprendi que tudo tem um tempo certo de acontecer, e que é um processo. O sucesso não nasce de um dia para o outro, e nem sempre estaremos motivados e animados, mas saber lidar com os sentimentos, expectativas, focar na meta, gerenciar o tempo são aspectos fundamentais para continuar na caminhada rumo ao sucesso.

Buscar o autoconhecimento torna o processo mais agradável e fácil, pois você, reconhecendo suas virtudes e suas fraquezas, tem como investir melhor no seu potencial, para focar e realizar os objetivos e desenvolver o que é necessário para superar os desafios pessoais, como medo, vergonha, insegurança. Percebo que nós é que atrapalhamos muitas vezes o nosso próprio sucesso, então vencer nossos monstros, nossos inimigos internos já é um grande passo. Pois quando a pessoa está segura de si ela enfrenta qualquer adversidade. Como podemos conseguir isso? No meu caso eu busquei cursos, orientações com profissionais, leitura de livros (de superação, motivação, relacionamentos), fiz Psicoterapia um bom tempo na minha vida e a mentoria, que ampliou minha visão sobre missão de vida, talento e negócios.

# Inspirando, expirando e não pirando

Denise Garcia

8

## Denise Garcia

Graduada em Administração de Empresas de Turismo, com pós-graduação em Marketing (FGV) e cursando Psicologia Positiva, Ciência do Bem-Estar e Auto-Realização (PUCRS), MBA em Gestão Empresarial (Fundação Dom Cabral), e com formação em Mentoring (Erlich Pessoas & Organizações).

Com mais de 30 anos de experiência, foi executiva na área Comercial em empresas de grande porte no segmento bancário, varejo e telecomunicações. Vasta experiência em estratégias de canais de vendas, gestão de equipes, formação de lideranças e foco em resultados.

Atua há cinco anos na implementação de cursos de gerenciamento de estresse e técnicas de liderança juntamente com as ferramentas utilizadas no *TLEX Institute*. Instrutora voluntária na Organização Internacional Arte de Viver para cursos com foco no fortalecimento do indivíduo.

Consultora para temas com foco em gestão, liderança, produtividade, motivação e autoconhecimento, ministrando palestras em diversas organizações como Coca-Cola, Procter&Gamble, Grupo Technos, Serpro, TechnipFMC, ABRH-PB, Universidade Estácio de Sá, Valia (Vale), Editora Globo/Infoglobo, Vivo, entre outras.

Cariúcha. É assim que me defino. Uma gaúcha de coração carioca, depois de mais de 20 anos vivendo no Rio de Janeiro, sendo levada pelo trabalho, que foi meu combustível para me desafiar, conhecer novos caminhos.

Às vezes me pego olhando para trás, refletindo sobre os caminhos que trilhei, tentando entender algumas escolhas. Em uma dessas reflexões, voltando no tempo, vieram algumas lembranças importantes. Filha única de pais separados, aos seis anos de idade aprendi a me virar, pois na minha família, sendo de classe média, dificuldades financeiras eram muito presentes. Minha mãe trabalhava o dia todo como professora primária em uma escola pública, e não era possível manter uma empregada doméstica para me fazer companhia; então, tive necessidade de aprender, desde cedo, as responsabilidades de casa, além de ter horário para os deveres escolares. Aos finais de semana era a hora da diversão com meu pai, que me buscava para os passeios periódicos. Mesmo meus pais sendo separados, os aprendizados quanto a "ir à luta" eram os mesmos, de formas diferentes.

Os anos foram passando, adolescência chegando, e novos sentimentos surgindo. E me veio à mente uma lembrança que mexeu comigo: o sentimento de exclusão. Sim, me sentia excluída, talvez por ser uma menina fora dos padrões, afinal de contas, não é normal ter 1,78m aos 13 anos de idade. Os apelidos eram frequentes, e, para sustentar essa altura, o tamanho dos pés também saía da normalidade para uma adolescente que queria ser aceita pelo grupo com o qual convivia, pois já calçava 40. Óbvio que não havia sapatos femininos daquele tamanho nos anos 70, era necessário descobrir um sapateiro que fizesse sob medida para que eu não perdesse as festinhas daquela época. E não era fácil encontrar algum garoto para dançar. Claro que não! Quem ia querer dançar com a "girafa" da festa?

Nessa época, como qualquer adolescente, era muito normal que a vaidade se tornasse presente, e o desejo de ter roupas da moda era frequente, porém, não era possível, devido à grana, que era curta.

Aos 14 anos, sentia-me profundamente incomodada por não poder fazer muita coisa para mudar aquela situação, e desajeitada, por gostar de esportes e não saber, ao mesmo tempo, ser aquela menina charmosa para conquistar os garotos... Sem condições financeiras para ter as roupas da moda e ir às festas, percebi que precisava fazer alguma coisa para mudar esse sentimento dentro de mim. Eu queria, e a vontade de trabalhar logo cedo chegou. Precisava conquistar meu espaço. Sabia que era necessário ter dinheiro para poder comprar algumas coisas que pudessem me ajudar a ficar mais próxima da "modinha", sentindo-me menos excluída. Pedi à minha mãe que me deixasse arrumar um emprego, mas tinha a consciência que ela não me permitiria deixar de estudar para trabalhar; porém, ela ajudou-me a conseguir uma atividade remunerada durante as férias escolares, numa loja de bijuterias, e lá eu trabalhei como vendedora por pouco tempo. Foi meu primeiro emprego e, mesmo sendo temporário, tive as primeiras lições de resiliência, aprendizado que se fortaleceu ao longo da carreira. Um bom atendimento ao cliente, identificando as necessidades, sorriso no rosto, certamente ele retornava. Eu me senti importante! O sentimento de exclusão não fazia parte daquele período tão especial, que se chamava trabalho. E o melhor: o que proporcionou a minha maior alegria foi receber o primeiro salário da vida! Uauu... Infelizmente ele não durou muito, pois a atividade profissional foi por pouco tempo, enquanto o verão durou. Mas, certamente, foi uma experiência maravilhosa. Dali em diante, após ter descoberto o caminho de uma atividade profissional, tudo que eu queria era terminar meus estudos rapidamente para ter um trabalho de verdade, com carteira assinada, permitindo-me buscar a minha independência. Assim, me fortalecia de outra forma, e comecei a descobrir outros caminhos.

Devido a minha altura, fora dos padrões da época para uma menina de 14 anos, destacava-me entre as colegas de escola que, muitas vezes, me deixavam de lado. Veio um convite para jogar vôlei no time da escola onde cursei o ensino médio: devido a minha altura, poderia ser "cortadora". Topei. Comecei a gostar de ser alta, o que naturalmente me trazia algumas vantagens no esporte e, ao mesmo tempo, estava desenvolvendo novas competências sem perceber: aprender a atuar em time, saber recuar na hora certa, a ceder, desenvolver a resiliência, ter disciplina, aprender a cair e a levantar, a estender a mão para outra jogadora que também caiu, a celebrar a vitória do jogo ganho, assim como aceitar a derrota. Aprendi o que era ter espírito de equipe. O sentimento de exclusão que ainda existia em algum cantinho do meu coração gradativamente se dissolvia.

Aos 17 anos, já com o ensino médio concluído, queria ir à luta. Com a ajuda de minha mãe, fui indicada ao gerente de um banco, localizado na esquina da rua onde morávamos. Participei de uma seleção com outros candidatos, e consegui uma vaga para trabalhar. Era meu primeiro emprego com carteira assinada. Agora, como atendente de caderneta de poupança, teria um salário mensal. Estava transbordando de alegria, pois, afinal de contas, poderia conquistar minha independência. E, com o trabalho, tive a oportunidade de concretizar meu sonho: morar sozinha. Eu sentia que precisava da minha liberdade, do meu caminho de aprendizados. Era minha realização.

Aos 19 anos mudei para Brasília a convite do meu pai. Busquei trabalho na nova cidade e, já trabalhando, conheci meu primeiro marido, que, por motivos profissionais, foi transferido para Curitiba. Para lá fomos, nos casamos, tive meu primeiro filho e fiquei dois anos sem atividade remunerada. Não foi fácil, pois essa não era minha essência. Dificuldades financeiras surgiram, voltamos a morar em Brasília, e partimos para o "plano B", pois, enquanto meu marido atuava no mercado corporativo, em paralelo dávamos o primeiro passo para o empreendedorismo, abrindo uma confecção de roupas. Durou apenas dois anos, pois o casamento já não ia bem e a sociedade se misturou com outros assuntos que não faziam parte dos negócios. Veio a separação quando nosso filho tinha três anos.

Lembrei-me da minha mãe, do quanto era possível administrar tudo ao mesmo tempo com uma filha pequena. Fui à luta. Procurei emprego em classificados de jornal e consegui ser contratada numa grande rede de supermercados. Aprendi mais, na prática, sobre organização, compras, atendimento, produtos, vendas. Depois de um ano, fui promovida a gerente da área, que envolvia bazar e eletrodomésticos; mas, antes, seria necessário aprender o lado não muito charmoso da atividade profissional. Por diversas vezes, vestida como executiva, de saia e salto alto, tive que, literalmente, descer do salto, ajudando a descarregar caminhões de mercadorias que chegavam à loja. Nem sempre havia funcionários disponíveis suficientes para executar a tarefa. Não tínhamos muito tempo, então era respirar e colocar as mãos na massa, sem tempo ruim.

Ver na prática o trabalho em equipe, criando conexão, estendendo a mão para alguém que ali estava sozinho, trouxe-me a certeza do quanto a liderança consegue "mover montanhas" quando dá o exemplo, pois o time se espelha em seu gestor e faz por ele. Algumas lições aprendidas pela menina que se sentia excluída, que no vôlei aprendeu a atuar em time, conseguiram em algum momento fortalecer ainda mais os aprendizados na prática e levar para sua atividade profissional. E foi gratificante.

Assim, a descoberta do que eu realmente gostava de fazer e o que me realizava cada vez mais se fortalecia: meu trabalho e gente. Sim... gente. Eu sempre acreditei em pessoas, o quanto elas transformam o mundo, e também conseguem destruir quando deixam o ego crescer demais. E, para entender o ser humano, é preciso conhecer-se, ter sentido dores de alma, dores de amores, dores físicas e emocionais. Para gostar de gente é preciso gostar de si mesma, olhar para dentro e descobrir as infinitas possibilidades para transformar, para ajudar, para realizar, para servir.

Tive gestores maravilhosos, verdadeiros líderes que gostam de gente. Líderes que me permitiram errar, ensinando os caminhos necessários para o crescimento. Líderes que acreditaram em mim e investiram em cursos de especialização, para que eu pudesse contribuir ainda mais na empresa, líderes que me apoiaram quando vivi situações delicadas na vida pessoal e me deram o tempo que eu precisava... Enfim, tive mestres incríveis! A liderança nasce de um amor profundo que o ser humano tem por ele mesmo e pelos outros, em que ele descobre, através das suas próprias dores, a dor do outro.

Quando fui contratada aos 27 anos por uma empresa de cartão de crédito, atuei como executiva de vendas, responsável pelos parceiros terceirizados. Oito meses após, fui convidada a assumir a gerência regional, com uma equipe maior e com executivos com mais experiência que a minha, e que talvez merecessem assumir aquela posição. Não acreditava que isso fosse verdade. Eu tinha apenas oito meses de empresa! Surgiu aquele "frio na barriga", pois não me sentia segura o suficiente para assumir uma regional tão grande, responsável por 50% dos resultados da diretoria de vendas. Por que eu? Eu tinha 28 anos, muita energia para trabalhar, gostava de gente e de trabalhar em time, mas... por que eu? Essa era a pergunta que me fazia.

Lembrei de um dos meus líderes inspiradores quando falava sobre a importância de colocar meus 100% para executar qualquer atividade, e além disso, me permitir errar. Abracei o desafio. E, na primeira reunião com os cinco executivos regionais, abri o coração, permitindo-me ser vulnerável, e disse a todos:

— *Estou tão surpresa quanto vocês pela escolha do meu nome para ser Regional CO/N/NE, principalmente por ter apenas oito meses de empresa. Mas quero dizer que não conseguirei nenhum resultado sozinha, pois preciso de vocês. Não sei trabalhar sozinha, mas como tenho vocês comigo nesse time, iremos juntos enfrentar os desafios, e ser a Regional que servirá de referência em vendas.*

E assim foi. Por quatro anos consecutivos, fomos a melhor Regional do Brasil, ganhando premiações, viagens, reconhecimentos. O que aconteceu? Resiliência, confiança, engajamento, conexão e atuação em time. A inspiração veio com os aprendizados de líderes anteriores, que me mostraram ser possível realizar qualquer coisa, desde que o time tivesse confiança entre seus membros, pois o resultado seria uma consequência. Levei essa experiência para outras empresas em que atuei, selecionando pessoas com competências além das experiências profissionais.

Na vida pessoal continuei aprendendo como lidar com novos desafios que surgiam. Ao saber que estava grávida sem ter planejado, e em plena atividade profissional, criei forças (que não sei de onde vieram), mas enfrentei os nove meses que viriam pela frente com o apoio da minha família, dos amigos e, para minha surpresa, do meu time profissional. Foram todos incríveis! Não estive sozinha nenhum minuto, todos me apoiavam e me ajudavam a preparar a chegada da minha filha. Dois anos após, fui transferida para Porto Alegre, e mais dois anos, Rio de Janeiro, onde assumiria uma nova Regional.

Após dez anos atuando com vendas de cartões de crédito, rodando por quase todo o Brasil, iniciei a caminhada profissional no segmento de telecomunicações, um mundo totalmente novo, com uma curiosidade e vontade imensa de aprender ainda mais. O mundo de telecom é um vício para quem gosta de uma vida profissional dinâmica. Tudo muda o tempo todo.

Nesse período tive os melhores líderes que alguém poderia ter. Por dez anos em telefonia, fui contemplada com mestres em liderança, me incentivando a correr riscos para inovar, mas também para errar, deixando a criatividade aflorar, experimentando o que existia de novas formas de atuação, pois, se não desse certo, poderíamos corrigir, mas não ter receio de tentar. Líderes que reconheciam, que inspiravam, mostravam o caminho, davam *feedbacks* construtivos, contribuíam para novas reflexões e ideias.

A paixão pelo trabalho era tão grande que me tornei uma *workaholic*. Muitas e muitas vezes "virei" noites preparando apresentações, analisando resultados, repensando como poderíamos corrigir o que não estava funcionando tão bem, e não percebi algumas coisas básicas. Saía tarde do trabalho para finalizar a apresentação que seria realizada na primeira reunião do dia seguinte. Meu café da manhã era um energético. A loucura diária de trabalho estava me trazendo outras coisas que não me faziam bem... ansiedade, estresse, irritabilidade, e a saúde começou a ficar comprometida. A respiração passou a ser curta. E tive o primeiro mal-estar. Minha pressão caiu, as mãos suavam, coração disparou, senti muito medo, pânico, e tive a plena certeza de que eu estava desfalecendo, que possivelmente eu morreria em poucos segundos. Depois desse evento, ainda tive mais duas crises e aceitei que precisava de ajuda. Para minha surpresa, fui diagnosticada com síndrome de pânico, consequência de estresse intenso. Se não desacelerasse, poderia gerar uma estafa (mais conhecida como síndrome de *burnout*), que nos leva ao esgotamento físico, mental, emocional. Era preciso ser medicada e fazer um acompanhamento. Para mim foi um choque. Como assim? Eu que sempre tive boa saúde, atleta, gostava de exercícios, me alimentava bem, era de bem com a vida, estava doente, estressada?

Por alguns minutos fiz uma caminhada, refletindo sobre tudo que havia ocorrido, sobre como estava conduzindo minha vida, o que poderia acontecer daquele momento para frente, pois eu tinha dois filhos que dependiam de mim. Mas alguma atitude eu tinha que tomar. Resolvi procurar uma amiga para desabafar e contar tudo que estava acontecendo; após uns 30 minutos de muita saliva gasta, ouvi dela: *"Denise, você precisa aprender a respirar!"*

Como assim? Eu respiro desde que nasci! Não entendia a profundidade daquela frase. E, como eu me sentia num beco sem saída, resolvi querer saber mais sobre o assunto, não tendo alternativa a não ser começar a tomar remédios para acalmar a ansiedade e reduzir o estresse.

Minha amiga recomendou um curso da Organização Internacional Arte de Viver, que está presente em mais de 150 países, onde seria possível eu entender melhor sobre a respiração, redução do estresse, ansiedade, acalmar a mente com sabedoria milenar, dinâmicas que me trariam bem-estar. Eu não tinha nada a perder. Inscrição feita para o curso, fui cheia de questionamentos. Meu intelecto era extremamente aguçado e queria explicações científicas para tudo que se apresentava de novo. Entreguei-me para aquela experiência porque, para quem tinha tido crises de pânico, nada poderia ser pior.

Surpreendente. Não tinha ideia do que uma simples técnica de respiração podia fazer com minha mente. Aprendi que a nossa respiração está diretamente ligada às nossas emoções. Por isso a sensação de ter um nódulo na garganta retratava meu estresse absoluto. Não temos esse conhecimento em nossa vida cotidiana, pois se aprendêssemos isso desde a infância certamente saberíamos lidar melhor com nossas emoções. Poderíamos ser mais tolerantes, pacientes com as situações com que lidamos em nosso dia a dia. Por que nunca ninguém pensou nisso? Era só o que vinha em minha mente. Isso foi tão transformador em minha vida que eu queria que todos os meus familiares, amigos aprendessem a técnica de respiração *Sudarshankriya*.

Passei a praticar diariamente a técnica, incorporei-a como um hábito, e comecei a perceber que minha mente estava com muito mais tranquilidade, tolerância, resiliência, não estava mais agitada, a ansiedade havia se reduzido drasticamente. Meu foco em realizar as atividades profissionais cresceu, pois passei a estar 100% presente naquilo que executava e, consequentemente, a ser mais produtiva. E, ouvir dos meus filhos que eles estavam percebendo que eu estava mais tranquila, foi o meu termômetro para identificar que a técnica realmente funcionava e estava fazendo a diferença em minha vida.

O que aconteceu com minhas crises de pânico? Nunca mais as tive. Não iniciei o tratamento com o ansiolítico prescrito, pois me curei com a técnica de respiração. Mas, já que eu havia encontrado uma luz no fim do túnel, precisava me aprofundar no assunto, e não parei mais. Fiz cursos de silêncio, meditação, alimentação saudável, conhecimentos milenares. Entendi que a vida precisa de equilíbrio entre o som e o silêncio, entre a atividade profissional e a quietude. Se não encontramos esse equilíbrio dentro de nós, o estresse chega. É preciso desenvolver a habilidade de não fazer nada e deixar ir. Ser oco e vazio quando necessário, ter a consciência de que não controlamos nada. Pura ilusão.

Com o aprofundamento no autoconhecimento, fui refletindo sobre estar nesse planeta e ganhar dinheiro, trabalhar, cuidar da casa e dos filhos. Precisava de mais. Precisava servir. Sentia falta disso, queria sentir-me mais completa, com um propósito na vida, além de trabalhar. Tive a oportunidade de desenvolver ações voluntárias através da *Arte de Viver*, levando minha experiência profissional. E esse servir voluntário já enchia meu coração de alegria, me trazendo novos aprendizados: o sentimento de pertencimento.

Fui à Índia para viver mais profundamente essa realidade com tantas diversidades, e tentar entender como as pessoas que quase nada tinham ainda conseguiam viver com um sorriso no rosto. Foi um encontro comigo mesma, uma conexão que crescia a cada dia, um entendimento de que eu era muito mais do que uma simples executiva.

Essa caminhada me trouxe uma maior conscientização de que tudo é passageiro (não que eu não soubesse), mas é diferente ter conhecimento e consciência. Eu tinha conhecimento de muitas coisas, mas intelectualmente. O que descobri foi a consciência, quando internalizei os conhecimentos em minha vida, passando a viver mais e melhor, a entender o que era realmente viver o momento presente, sem ter a angústia do que viria pela frente. Gradativamente a leveza foi crescendo, sem perder meu foco e objetivo. Percebi que perdoar os outros era importante para meu próprio bem, pela minha saúde mental.

Após meu retorno da Índia, resolvi levar meu conhecimento profissional de outra forma, como consultora comercial. Era uma aposta. Vivi durante mais de 30 anos no mercado corporativo como gestora e queria encontrar uma nova forma de atuação, fazer o que me realizava, mas dentro de um novo formato. Um dia alguém me disse que cada escolha na vida representava uma renúncia de alguma coisa. Eu estava consciente.

Depois de quatro anos do meu primeiro *Sudarshankriya*, fiz a formação e me tornei instrutora dos cursos introdutórios – *Happiness Program* da *Arte de Viver*. Mais uma transformação aconteceu na minha vida. Ensinar esse conhecimento deu-me outro entendimento: eu era um instrumento para cuidar dos outros. E é um processo contínuo de aprendizado, que vai além da lógica. O sentimento de pertencimento só crescia.

Minha cura interna, uma síndrome do pânico que deixou de existir com uma técnica de respiração e, ao mesmo tempo, saber que milhões de pessoas continuavam adoecendo. Eu precisava fazer algo mais. Pensava constantemente sobre levar meu conhecimento profissional, contando minha história vivida no mundo corporativo, e aliviando o estresse de mais profissionais. E não parei por aí. Na sequência, fiz a formação do *TLEX Institute* (*Transformational Leadership for Excelence*), um instituto suíço que existe há mais de dez anos e faz parte da *Associação Internacional para os Valores Humanos*, com programas corporativos para construir confiança, criar mais conexão entre equipes, melhorando a eficiência e bem-estar no trabalho. Estava realizada. Mais pessoas esperavam conhecer esse caminho para alívio do estresse, redução de ansiedade, cura de depressão, síndrome de pânico, *burnout* e muitos outros males causados pelo estresse no mundo corporativo.

Decidi mudar definitivamente, me reinventar. Sabia que não seria fácil, porém era o meu objetivo: cuidar de gente, ajudar mais pessoas a encontrarem **seu** propósito de vida através do autoconhecimento, fortalecendo-se como indivíduo. Trouxe meu conhecimento profissional em gestão de pessoas, liderança, soft skills, estudei sobre o estresse no mercado corporativo, pesquisei sobre o cenário mundial e como as empresas estavam lidando com isso, as disfunções das equipes etc. Era a hora de compartilhar o conhecimento. Estruturei meu conteúdo e comecei minha caminhada de consultora e palestrante, com a palestra "*Inspire, Expire e Não Pire no Mundo Corporativo*", levando minha história dentro da caminhada profissional e as consequências que o estresse trouxe à minha vida, reflexões sobre a velocidade das mudanças que estamos vivendo, como nos preparamos para a 4ª Revolução Industrial. É necessário fortalecer os indivíduos para serem inovadores, criativos, disruptivos e trazerem resultados de alta performance. Porém, isso só será possível se olharem para dentro, fazendo a gestão da mente através de dinâmicas e técnicas que gerem bem-estar.

A resiliência emocional permitiu-me ser vulnerável e aprender a lidar com o estresse e a incerteza. Não é possível fazer boas escolhas com uma mente estressada. A decisão de mudar de carreira veio com a reflexão de que precisava compartilhar as experiências do mundo corporativo com a cidade em que vivo e escolhi para ser minha casa, mostrando um novo caminho para se viver com mais qualidade de vida, pois tudo começa com o bem que temos de mais precioso: a mente.

O Rio de Janeiro, que adotei como minha cidade há 21 anos, está carente. Temos milhões de desafios para fortalecer a população que vive uma "caixinha de surpresas" diária, aprendendo a lidar com violência, com o trânsito caótico, com tantas demandas de todos os lados. O sentimento de pertencimento, junto com outros voluntários da Organização Internacional Arte de Viver, nos levaram a conduzir diversas ações para trazer essa consciência a empresas, escolas, universidades e a comunidade. Se cada um de nós tiver a consciência de que o estresse é que gera a violência, poderemos transformar a nossa sociedade. É um trabalho de "formiguinha", e não podemos deixar que a nossa Cidade Maravilhosa continue mergulhando nesse caos profundo. Juntos somos mais fortes.

E aquela menina que tinha em seu coração o sentimento de exclusão, hoje com o sentimento de pertencimento, cuida de gente para encontrar seu caminho, ensinando a olhar para dentro para seguir em frente, se fortalecendo e despertando a vontade de transformar nossa Cidade Maravilhosa. Tudo é possível quando acreditamos. Esse é meu propósito, ser uma ferramenta para ajudar na transformação de vidas.

Enquanto isso, inspire, expire e não pire!

# Mudar de vida:
# um sonho possível

Grazielle Melo

9

## Grazielle Melo

CEO e diretora executiva da Agrega Consultoria do Brasil há cinco anos, empresa que possui modelo de negócio baseado em cobrança empresarial, oferece serviços para recuperação de crédito e ativos para clientes de médio e grande porte em todo o território nacional. Coautora das obras *Empreendedoras de Alta Performance do Rio de Janeiro* e *Segredos do Sucesso*, da Editora Leader. É formada em Marketing e possui extensão em Recursos Humanos pela universidade UniCarioca.

Nasci em Pernambuco, no município de São Lourenço da Mata, distante 20 quilômetros da capital, Recife. Minha família se mudou para o Rio de Janeiro quando eu tinha apenas um ano de idade. Meus pais, infelizmente, se separaram nesse período e em consequência disso tive uma infância muito difícil!

Sou de origem muito humilde mas nunca deixei de sonhar. Sempre tive como aspirações crescer, me desenvolver como pessoa e como profissional e mudar de vida, mudar para uma condição financeira melhor. Vou contar aqui neste capítulo um pouco da minha história e como eu consegui conquistar tudo que idealizei! E acredito no que está no título deste relato: é possível mudar de vida!

Minha trajetória profissional começou quando fui convidada a trabalhar numa empresa do mesmo segmento do meu atual trabalho e me fascinei pelo projeto para conseguir apoiar o crescimento dessa organização. Fui buscar conhecimento intelectual, formei-me em Marketing, fiz uma extensão em RH com o objetivo de adquirir expertise para negociar com excelência.

Como resultado do meu esforço, consegui galgar sucesso pessoal e profissional! Desse modo, aumentei meu networking e construí um legado junto ao meu nome. Tudo isso me proporcionou a oportunidade de iniciar o meu próprio projeto, e hoje já se completaram cinco anos de um trabalho intenso com o qual conseguimos fazer a diferença no mercado.

Acrescento aqui uma informação importante: sou a única mulher empreendedora no mercado de cobrança no estado do Rio de Janeiro. Isso é motivo de orgulho para mim, no entanto, tenho consciência de que as mulheres precisam se esforçar muito ainda para ampliarem seu espaço no mercado.

As mulheres já representam mais de 49% do mercado de trabalho no mundo, segundo a Organização Mundial do Trabalho (OIT), porém, têm pouca representatividade em cargos de liderança. No Brasil, pesquisas mostram que o índice da liderança feminina no mercado de trabalho melhorou nos últimos anos, mas em 2016 somente 16% dos presidentes de empresas eram mulheres. Particularmente vejo esses resultados como uma vitória! Porém, como disse, ainda temos muito a lutar e galgar! Muito a mostrar sobre a nossa capacidade de liderança e de legado que podemos deixar. Principalmente no que tange a estrutura emocional e equilíbrio, porque como mulheres já gerimos o nosso lar, temos de forma natural a habilidade de desempenhar diversas funções, por termos a experiência de sermos esposas, mães e agora também a oportunidade que vem sido reconhecida de mostrarmos no mercado de trabalho nossa capacidade de estarmos escalando a cada dia um espaço. Eu luto todos os dias e procuro deixar como exemplo para outras mulheres que somos capazes de entrar nos mercados onde outrora era dominado pelos homens.

O caminho não é fácil, os desafios que superei para chegar aonde estou foram muitos. O primeiro foi por ser mulher. Parece absurdo, mas todas as vezes que eu chegava na organização me perguntavam, e até hoje me perguntam, quem é o CEO da empresa, quem é de fato o diretor-presidente. As pessoas não acreditam que sou a proprietária e quando falo agem com surpresa, principalmente o público masculino.

As maiores dificuldades que superei foram em relação a gerir homens, pessoas com mais idade do que eu. Formar uma equipe coesa também foi algo que tive que superar, pois, neste mercado, os profissionais são totalmente direcionados e é muito difícil encontrar pessoas comprometidas que realmente entendam que o sonho do nosso cliente é o nosso sonho. E que nossa missão é tornar a empresa do nosso cliente mais saudável financeiramente através de nossas estratégias.

Mesmo diante de tantos desafios, a dica que dou para quem está começando agora é que nunca desista dos seus sonhos. Mesmo que um dia você encontre uma dificuldade pela frente, não deixe de acreditar no seu coração! Diga a você mesmo que vai seguir adiante para atingir sua meta e que uma hora a sua vitória irá chegar! Não se abata com ingratidões, com o revés do mercado ou outros obstáculos que podem surgir, e eles certamente surgirão. Apenas acredite, tenha fé e siga!

Sinto-me à vontade para dizer que ser mulher em minha profissão é mostrar que se tem coragem e provar a todo momento a capacidade de entrar e se desenvolver no mercado totalmente dominado pelo público masculino. É saber lidar com os preconceitos pelo fato de ser mulher! É manter uma postura profissional e não se abater quando mal interpretada e saber lidar com os convites desagradáveis, mantendo a atitude digna e ética. Esses são os meus conselhos para as mulheres que pretendem atuar no segmento que escolhi: tenham coragem, busquem capacitação, saibam agir como profissionais para serem respeitadas.

Quanto a conciliar a vida pessoal e a profissional, conquistei um equilíbrio entre essas duas áreas da minha vida principalmente porque somos uma empresa familiar, então eu consegui fazer um gerenciamento de projetos particulares unificando com o profissional. Consigo gerir bens os dois papéis, sem atrapalhar o crescimento e a qualidade dos processos da Agrega Consultoria do Brasil, mesmo sendo a única dona da empresa. Esse é o papel de uma mulher! E eu sou a maior prova de que podemos conseguir.

Mesmo quando outras pessoas diziam que meus planos não iriam dar certo, eu sempre segui todas as minhas intuições e não me arrependo de nenhuma decisão tomada, pois todas elas me fizeram crescer, tanto como pessoa, como profissional. Errei e aprendi com os erros, e tenho me desenvolvido a cada dia e aprendido com as pessoas. Hoje me sinto um pouco mais reservada, porém, não deixo de acreditar no ser humano, que penso ser o maior bem de uma organização. Não me arrependo de nada. Faria tudo novamente! E isso também deve servir de conselho para nossas leitoras: siga sua intuição, aprenda com os erros e acredite nas pessoas.

Já para ser bem-sucedido na minha área a primeira dica é que o empreendedor conquiste o cliente e faça com que ele se lembre do seu nome e sobrenome, acima de qualquer coisa, porque isso significa confiança no trabalho que você se propõe a oferecer. Dentro do meu mercado, que é dominado pela área masculina, tive de mostrar que, além de ser mulher e muito profissional, eu conseguiria dar conta do recado. Nesses últimos cinco anos, crescemos significativamente e consegui provar que a mulher tem a mesma capacidade que o homem, basta ela ser profissional e a cada dia se capacitar mais e mais para atingir os seus objetivos.

Acredito que a ampliação da presença das mulheres em cargos de liderança não está ligada a projetos implantados nas empresas, ou planos de valorização, tem que ser por sua formação e competência. Se o projeto for lançado dentro de uma organização para uma oportunidade profissional, creio que ambos os sexos devem ter a mesma oportunidade para que se mostre quem tem a capacidade real para assumir aquele cargo. Não acredito que deva haver cotas para incentivo às mulheres. Se houver um projeto dentro da organização, que seja para não discriminar mulheres em cargos de liderança. O que as mulheres podem fazer também é se inspirar em mulheres empreendedoras, que fazem a diferença no mercado. E no Brasil, por exemplo, temos muitas empresárias, executivas, profissionais de alta performance.

Meu plano para o futuro é deixar um legado de inspiração, credibilidade, força, esforço de luta, garra, de quem nunca deixou de acreditar que um dia a vida iria sorrir de forma diferente. No presente, pretendo continuar a inspirar a cada dia mais as pessoas que convivem comigo.

Para concluir este relato, gostaria de destacar que estou honrada de poder compartilhar um pouco da minha história e deixar mensagens de otimismo para as mulheres de todo o Brasil. Tenho orgulho de viver aqui, nesta cidade que me acolheu e onde pude realizar todos os meus sonhos.

E para as leitoras uma mensagem final, que vale para os leitores também: internalizem o conhecimento que vocês adquiriram, nunca deixem passar uma oportunidade.

O futuro é agora!

# O caminhar de uma trajetória

## Irene Azevedoh

10

## Irene Azevedoh

Diretora de Transição de Carreira e Gestão da Mudança e ICEO Practice Leader para Brasil e América Latina, *coach* e Master Advisor de Carreira da LHH – Lee Hecht Harrison. Possui certificação em Coaching pelo La Hupe Institute – IBM Bélgica, pela Lee Hecht Harrison, pelo Instituto EcoSocial e pelo Integral Coaching of Canada (Foundation and Apprenticeship). Especialização em Operações de Manufatura pela FGV-SP (PEC) e graduação em Administração de Empresas pela Universidade Federal do Estado do Rio de Janeiro (UFRJ). Como executiva, atuou nas empresas IBM, Ticket e KPMG. Foi professora de liderança BBS Escola de Negócios no Brasil e em Angola.

Contato:

E-mail: ifazevedo@globo.com

Para começar esta narrativa contando minha história e como sempre conduzi minha vida baseada em valores e seguindo minha intuição, seria importante recordar que quando eu tinha um mês de vida minha mãe foi atrás do meu pai que ia para os Estados Unidos e o avião teve que fazer um pouso forçado, pois ela, na pressa, não se lembrou de levar nem de tomar o remédio de secar o leite.

Só fiquei sabendo dessa história anos depois pela irmã da minha avó. Ela me contou ainda que minha mãe teve outra filha logo em seguida, pois queria dividir a atenção de meu pai, por quem ela era obcecada. Justamente por causa desta obsessão, ela foi com meu pai para os Estados Unidos quando eu era tão pequena. Assim, nasci com uma energia de que a atenção sobre mim poderia ser tirada e eu teria de trilhar meu caminho contando com todos os meus recursos internos. É lógico que sempre tive ajuda externa, porém, revendo esta história fica claro que este foi o início de tudo.

Comecei a perceber que meu corpo me incomodava ainda quando criança quando ouvia meus pais falarem que eu comia muito. Eu sentia vontade de comer doces e muitas vezes em nossa casa de veraneio em Petrópolis comia escondido. Enquanto meus pais reforçavam que eu era muito inteligente e iria me dar bem trabalhando, do lado do relacionamento reforçavam que a minha irmã é que tinha um corpo bonito, portanto, mais merecedora de uma vida afetiva.

Era uma sensação horrível. Lembro-me uma vez que meu pai e minha mãe me levaram a uma casa de doces para que eu comesse tudo que tinha vontade e ver se assim minha vontade pelos doces diminuía. O que na época não ocorreu. Meu refúgio eram a comida e os estudos. Tanto que eu era uma das primeiras alunas da classe.

Minha mãe tinha certeza de que ela sabia quem era o melhor namorado e futuro marido para nós. A razão disto pode ser o fato de o meu pai ser riquíssimo quando se casou com ela e depois de uns oito anos ter perdido tudo, fazendo assim com que tivéssemos que mudar nosso padrão de vida por completo. Então, ela queria sempre escolher nossos namorados, de minha irmã e os meus.

No meu caso, sempre reforçava que eu, como era muito inteligente, talvez tivesse que sustentar a família quando crescesse. Ela me criou para trabalhar. Fiz aulas de Inglês, Francês e datilografia e meus avós maternos pagaram meus estudos. Então, quando terminei o ginásio, no Colégio Sion, combinei com meus avós e meus pais que iria para um colégio público, mas em troca eles me enviariam para os Estados Unidos. Era o início dos intercâmbios no Brasil. Assim, eu fui para aquele país com 18 anos, pelo Youth for Understanding. Talvez uma das primeiras mulheres brasileiras a ir para lá em intercâmbios.

Na época, em 1968, eu estava namorando um rapaz no Brasil e a comunicação era por carta, telegrama e, lógico, por telefone, porém, custava caríssimo. Minha mãe, então, me fez terminar o namoro por carta, pois achava que o rapaz não estava a minha altura! Resultado: voltei imensa de gorda dos Estados Unidos para o último semestre do 3º Ano Clássico do Andre Maurois. Fiz o cursinho do colégio e passei em 20º lugar na UFRJ (Universidade Federal do Rio de Janeiro) em Administração e também em Sociologia e Economia na PUC (Pontifícia Universidade Católica).

Eu queria Sociologia, mas minha mãe me chamou e me aconselhou a fazer Administração, pois era o único curso à noite da UFRJ e, segundo ela, não era paga e eu poderia trabalhar, caso fosse necessário. Afinal, a situação do meu pai foi durante toda sua vida muito incerta.

Assim eu fiz e realmente o primeiro emprego que consegui foi por indicação de um colega de faculdade que trabalhava na IBM. Na ocasião, precisavam de alguém que falasse Inglês. Acredito que uma profecia anunciada pela minha mãe e a UFRJ possibilitaram o início da minha vida profissional.

Mas, com o começo do meu trabalho veio também uma libertação da minha família. Com 22 anos fui para a Europa sozinha e comecei uma trajetória de 26 anos na IBM, inicialmente como subcontratada por uma empresa de despachantes que trabalhava para essa multinacional. Algum tempo depois apareceu uma posição de secretária e aceitei, pois sabia que era a possibilidade de entrar na IBM como funcionária efetiva e iniciar uma carreira. Nunca duvidei de minha capacidade como profissional, entretanto, o emocional foi sempre minha zona de atenção!

Em 1972, meus pais estavam de mudança para Salvador, pois meu pai tinha mais um projeto empreendedor. E meu irmão mais novo, que sempre morou com meus avós, iria com eles. Durante a viagem, minha mãe dormiu ao volante e eles tiveram um acidente de automóvel. Meu pai ficou em estado gravíssimo e minha mãe teve uma fratura na bacia. Foi uma comoção na família. Um mês depois de terem ficado no hospital, eles voltaram para casa.

Na época eu estava no último ano da faculdade, um dia ia fazer uma prova e tive uma briga horrível com minha mãe. Não me recordo o motivo, mas quando cheguei à faculdade me avisaram que minha mãe teve uma embolia e havia falecido. A partir daí, nossas vidas se transformaram drasticamente. Eu fui com meu pai e meus irmãos para a Bahia e consegui transferência do meu cargo da IBM para Salvador.

Inicialmente, moramos todos juntos, mas meu pai logo conheceu uma baiana e se casou com ela. A partir daí, meus irmãos e eu fomos morar no porto da Barra e minha vida se transformou num inferno. Na época, meus irmãos, que eram menores, roubaram meu carro e o destruíram. Para se ter uma ideia, um deles chegou a comprar uma moto no meu nome. Pedi, então, à IBM para que me transferisse de volta ao Rio de Janeiro. O único cargo que existia era o de datilógrafa em um centro de processamento da palavra. Conversei com meu chefe e ele me aconselhou a aceitar e depois, então, brigar para mudar de posição. Assim o fiz, e no final do ano já estava em outra colocação.

Depois de dois anos meu pai me pediu para voltar para a Bahia. Consegui uma licença não remunerada de um ano através de um representante de vendas bastante reconhecido na IBM que intercedeu por mim junto ao presidente da empresa. Contudo, só fiquei seis meses na Bahia, pois vi que não poderia ajudar meu irmão, que estava com sérios problemas. Regressei outra vez para a IBM no Rio, em uma posição de secretária.

Enquanto isso, a minha irmã havia se casado com o rapaz que minha mãe achou que seria o certo para ela. Na época, morei um tempo com ela, mas depois voltei para a casa de meus avós. Outra vez, depois de um ano, já estava numa área administrava na IBM. Meus tempos de secretária ou datilógrafa haviam acabado.

Em 1978, casei-me com meu primeiro marido, o Orlando. Nós havíamos terminado e ele me escreveu uma carta me pedindo em casamento. Achei lindo o pedido por carta e aceitei sem ter certeza de que era isto mesmo que queria. Em 1981, meu pai faleceu e no ano seguinte, minha avó materna. Meu núcleo familiar mais próximo havia se dissolvido, restando só meus avós paternos. Meu primeiro marido era, então, minha segunda família.

Foi quando a compulsão apareceu de novo e com ela a bulimia. Era como se meu corpo rejeitasse aquela situação. Mesmo assim permaneci casada por dez anos e tive cinco abortos espontâneos. A vontade de tocar minha vida sozinha e ter um apartamento só meu foi decisiva para me separar. Eu queria viver um grande amor e não achava que estava tendo isso.

Inicialmente fui morar com minha tia, irmã da minha avó. Ela não estava preparada para me receber, não havia armários, minhas coisas ficavam na mala. E, depois de um mês, eu não ainda havia encontrado um grande amor. Como era e ainda sou muito pragmática, e não havia encontrado um grande amor, pensei em voltar para casa. Mas, ao ler o *Alquimista,* de Paulo Coelho, me deparei com a frase que era mais ou menos assim: "Quando você tem um sonho, a alma do mundo te dá a sorte do principiante e logo em seguida vêm os desafios. É na hora dos desafios que a maioria das pessoas desiste dos seus sonhos, só que não sabem que estão muito perto de alcançá-los. É sempre antes do amanhecer que a noite se faz escura".

Não preciso dizer que não voltei para casa. Continuei buscando meus sonhos e aluguei meu próprio apartamento. Foi uma emoção imensa! Passado um tempo conheci o pai da minha filha Laís. Foi uma destas paixões que tiram a percepção da realidade e fazem você ir em frente ao encontro do outro, esquecendo-se de si mesma. Fiquei grávida e, como era uma gravidez de alto risco, tive que repousar em casa por seis meses. Na época, eu sempre esperava que ele aparecesse. O que na verdade em seis meses só aconteceu duas vezes. Mas, como estava em casa presa, não quis perceber a realidade. Em paralelo, a bulimia havia sumido, o vazio foi preenchido pela gravidez.

Quando a Rubix nasceu me rebelei contra aquela situação e, lógico, descobri que ele não gostava de mim, assim como eu dele. Mas, quando eu me dei conta, já havia pedido à IBM para me transferir para São Paulo, pois iríamos nos casar. A transferência saiu e resolvi, então, ir para São Paulo mesmo assim, pois já achava, em 1992, que o Rio de Janeiro estaria muito em breve numa situação difícil para o mercado de trabalho. Foi aí que uma nova fase da minha vida começou. Vim para São Paulo com minha filha de três meses e com duas empregadas sem conhecer ninguém. Havia, dentro de mim, a certeza de que essa era a cidade certa para mim e tudo ficaria bem.

Em 1996, percebi que a IBM iria mudar drasticamente e que naquele momento ou eu saía ou teria que me aposentar lá. Eu visualizei que aquele era um momento único e tinha certeza de que aquele plano nunca mais se repetiria. Então, pedi ao meu chefe para me incluir no plano de demissão voluntária, pois ele tinha acabado de me transferir para vendas, área na qual não era "skilled", o que me tornaria elegível ao programa. E, assim, saí da IBM sem saber o que iria fazer, mas com a certeza do que não queria. Eu não queria saber de computador. A vida é muito interessante e nos testa sempre, principalmente quando você toma uma decisão.

Assim que anunciaram que eu ia sair, o diretor comercial da IVIX (*joint venture* da Villares e da IBM) fez o convite para eu trabalhar na empresa, a pedido do, então, presidente. Não aceitei. Disse para eles que sabia o que não queria e eu realmente não queria vender computadores. Eles me acharam louca por recusar uma proposta de emprego que me daria praticamente o mesmo salário da IBM. Mas, me mantive firme.

Fiquei ainda seis meses procurando o que fazer até que a IBM me recontratou para um projeto de três meses em RH. Continuei a busca por uma posição em uma consultoria, pois na época já achava que a vida corporativa era curta e eu precisava de uma vida profissional mais longa, minha filha era pequena e dependia muito de mim. Foi quando a Nicholson me convidou para ser *headhunter*. O interessante é que eu não tinha nenhuma experiência em recrutamento e seleção.

Fui contratada como consultora e com um salário que era a metade do que eu ganhava na IBM. Durante a entrevista, me falaram que se eu trouxesse clientes eu poderia crescer na empresa. Aceitei e estava feliz em começar esta carreira em Recursos Humanos. Foi quando um *headhunter* me procurou com uma posição em RH na Ticket. Eu não tinha experiência na área no meu currículo. Na IBM, o mais próximo de RH em que atuei foi no Setor de Qualidade quando gerenciei programas participativos. A conversa com o *headhunter* foi interessante, pois quando ele soube meu salário me perguntou se eu não tinha vergonha de trabalhar ganhando tão pouco.

Eu respondi imediatamente que vergonha era roubar e não tinha expertise em *Recursos Humanos,* e aquela era uma oportunidade para iniciar uma nova carreira. Ele gostou e me apresentou para a Ticket. Mas, na época, escolherem um perfil mais tradicional em RH. Porém, três meses depois me chamaram de volta, porque o presidente da Ticket havia gostado de mim. Só que nesse período eu já era gerente na Nicholson e meu salário havia dobrado. Fui, então, para a Ticket com um cargo maior do que o que foi me oferecido anteriormente. A experiência foi maravilhosa, pois aprendi sobre um novo segmento e, sobretudo, conheci pessoas incríveis que até hoje fazem parte do meu círculo de relacionamento. Contudo, lá no fundo eu sabia que teria de voltar para consultoria. Afinal, esse era meu plano A, B e C.

Passado um tempo, a Nicholson me chamou de volta para trabalhar, pois tinha intenção de ser, além de uma empresa de *hunting,* uma consultoria em RH. E assim retornei como diretora, porém seis meses depois a companhia abandonou a estratégia de ser uma consultora de RH e voltou a focar no seu *core business,* que era o recrutamento e seleção. Percebi que havia feito um movimento que talvez não me satisfizesse em longo prazo.

Mas, quando a KPMG me convidou para ser gerente sênior, aceitei na hora, pois ter essa empresa no currículo só iria melhorar meu posicionamento como uma consultora sênior.

Dois anos depois recebi a oferta de voltar ao Rio de Janeiro para o escritório da Mariaca – parceria global da Lee Hecht Harrison e da Intersearch Worldwide – e lá iria poder fazer *hunting*, transição de carreira e Coaching. O que seria ótimo, já que fiz na Bélgica uma formação em Coaching Development para suportar a estratégia de reengenharia na época em que atuava na IBM.

Vi essa chance como uma oportunidade de aprender coisas novas. Sempre tive comigo a certeza de que uma carreira não é feita de posições as quais se ocupa, mas de habilidades desenvolvidas. E assim voltei para o Rio, porém sabendo que teria que retornar no futuro para São Paulo, pois era o local onde tudo acontecia.

Fiquei dois anos no Rio e o Marcelo Mariaca me convidou para voltar a São Paulo como diretora de Marketing e logo em seguida me deu uma unidade de negócio para tocar e me ofereceu um tipo de sociedade, que sob o meu ponto de vista não fazia sentido. De novo, eu sabia que tinha de partir, pois recusar uma sociedade não era simples. Foi quando recebi o convite feito pela Kienbaum para voltar para *hunting*. Eu aceitei mesmo sabendo que não queria mais ser *headhunter*. Afinal, eu havia adorado a transição de carreira e o Coaching.

Sou muito grata ao Marcelo Mariaca, pois quando voltei para São Paulo ele me apresentou a BBS Escola de Negócios, na qual lecionei por dez anos, no Brasil e em Angola, sobre liderança. Foi um momento de preenchimento total. Pude passar os conceitos mais modernos de liderança com a certeza de que poderia fazer diferença na formação de novos líderes.

Depois de um ano, os sócios da Kienbaum me chamaram e conversaram comigo dizendo que eu não estava tendo o resultado esperado. Eles estavam completamente certos, eu é que tinha de dar um rumo certo a minha carreira. Foi a minha primeira demissão. Embora sem saber ou ter para onde ir, senti um alívio imenso. E aí veio uma lição da vida: nunca faça algo que não está mais de acordo com seu propósito! Logo em seguida veio outro aprendizado: quando você decide trabalhar pelo seu propósito, a vida lhe abre outras portas.

Foi quando a DBM me convidou para ser consultora. Eu aceitei imediatamente. Essa era a oportunidade de fazer algo que tinha adorado e que preenchia meu propósito: agregar valor à vida das pessoas. Fiquei como consultora sênior e diretora de Negócios atendendo clientes em *outplacement*, fazendo Coaching e vendendo. Estava na minha total zona de conforto. Eu jamais havia vivido uma.

Quando apareceu uma posição de gestão para ser diretora de Transição de Carreira e Gestão da Mudança – LATAM, me candidatei. O presidente, na época, e o COO vieram me perguntar o porquê da minha candidatura e eu expliquei que estava na zona de conforto com o que fazia e que eu precisava sair dela. Meus pares vieram me perguntar por que alguém com 64 anos iria se arriscar numa posição de gestão. Eu respondi que é melhor arriscar e tentar aprender algo novo que permanecer onde se está. Nesta época, a Lee Hecht Harrison (LHH) já havia comprado a DBM. Então, já éramos LHH.

Foi uma mudança profunda, tive que me reinventar. Porém, aqui estou eu depois de cinco anos nessa posição e agora com mais um desafio, ser responsável por uma divisão que só atende a *C-Levels* em transição de carreira, como ICEO Practice Leader. Já estou nesta posição há dois anos e sinto estar próxima da minha zona de conforto mais uma vez.

Vocês devem estar se perguntando qual será meu próximo passo. Pode ser uma carreira solo, com mais tempo para mim, fazendo trabalhos para a LHH como associada ou realmente trabalhar só para mim, ou talvez continuar assim como estou.

Ainda não sei. O que tenho certeza é que todos os aprendizados que fiz, todos os relacionamentos que construí serão os alicerces de meu próximo passo de carreira.

Outra pergunta que deve estar com vocês desde o início desta minha narrativa é: "E quanto ao grande amor? Ele já ocorreu?" Aí vem a grande revelação: tive grandes amores! Para mim, não existiu um grande amor e sim muitos. Porém, o maior de todos e o incomparável foi o nascimento da minha filha, na sexta tentativa! Ela é o meu maior tesouro, minha fonte de inspiração e de aprendizado. Foi por ela que tudo aconteceu.

Então, se conselho fosse bom, muitos acham que não, mas eu daria este: não desistam de seus sonhos, caminhem em direção a eles e tenham certeza de que chegarão a lugares nunca antes imaginados. Na vida não há aonde chegar, só caminhar!

# Inconformismo, ousadia ou espírito empreendedor?

Laura Negro

11

## Laura Negro

Nascida em 11/03/1941, na cidade de Sertanópolis (PR). Viúva de Tomás de la Pisa; casada, pela 2ª vez, com Sylvio Loureiro.

Formada em Psicopedagogia (UEL-PR) e com mestrado em Administração de Sistemas Educacionais (PUC/RS).

Exerceu o magistério no Curso Primário (hoje, 1º Grau) em Londrina (PR); Ensino Secundário (hoje, 2º Grau) em Bela Vista do Paraíso (PR) e em universidades (Londrina, Cornélio Procópio, no Paraná) e na UFRRJ (Universidade Federal Rural do Rio de Janeiro). Além de professora, exerceu a função de diretora de escola de 1º Grau (Colégio Santa Maria, Londrina).

Na Universidade Rural, foi coordenadora do Curso de Técnicas Agrícolas e do Programa de Apoio ao Desenvolvimento do Ensino Superior (Pades), assessorando a reitora de pós-graduação nos cursos *lato sensu*.

Administrou por dois anos o Restaurante Aduana no Rio de Janeiro (1992 a 1994).

Trabalha há 25 anos no Supermercados Mundial (desde 1994).

Atualmente, é coordenadora do Setor de Responsabilidade Social e dos eventos sociais da empresa.

É uma pessoa que tem paixão por tudo o que faz!

Foi com estas características que com pouca idade me revesti de professora, descobrindo minha vocação de educadora...

Morando numa pequena cidade do Paraná, recrutava crianças com dificuldade de aprendizagem e as colocava apoiadas sobre caixotes de madeira, nos fundos do quintal de minha casa. Ensinava as primeiras letras, oferecia reforço escolar, exigindo delas responsabilidade e bons comportamentos... O pouco que eu sabia, nos meus nove ou dez anos de idade, era repassado para a turminha, a fim de que eu pudesse sentir conforto diante de tantos desconfortos escolares...

Tive clareza do impacto positivo que essa iniciativa poderia criar. Para mim era mais que obrigação fazer o bem para aquelas crianças e dedicar esforços a um propósito tão importante. Foi daí que, na minha adolescência, surgiu o convite para ser catequista da paróquia que eu frequentava. Por muitos anos preparei crianças para a sua PRIMEIRA COMUNHÃO. Tinha paixão pelas atividades que eu desenvolvia. Estava sempre me qualificando para dar o meu melhor...

Terminando o primeiro grau, cursei a Escola Normal e em seguida me formei em Psicopedagogia, com especialização em Administração e Supervisão Escolar. Jamais permiti que o fantasma do comodismo sugasse os meus sonhos. Fui professora concursada do município e também do estado do Paraná. Exerci, ainda, a função de Diretora de Escola, enquanto me preparava para a docência do Ensino Superior. Terminei o Mestrado em Administração de Sistemas, lecionando em diferentes Cursos de Ensino Superior, nas Universidades de Londrina e Cornélio Procópio (PR) e na Universidade Federal Rural do Rio de Janeiro, onde, também, fui coordenadora do Curso de Técnicas Agrícolas e do Projeto de Apoio ao Ensino Superior (Pades). Nesses anos de atuação grandes ideias saíram do papel, com pouco investimento, em diferentes grupos. Entre elas, destaco a horta comunitária que os alunos do Curso Agrícola da Rural criaram, produzindo verduras e legumes orgânicos para toda a comunidade que participou do projeto. Outros resultados foram alcançados, podendo evidenciar entre os alunos o perfil do empreendedor, com as seguintes características:

- Habilidade para planejar e executar diferentes projetos;
- Criatividade; organização, espírito de equipe e liderança;
- Capacidade para aproveitar as oportunidades e encarar os possíveis fracassos para aprender e ser melhor.

Como professora, sempre procurei realizar atividades além de minhas funções de docente, buscando inovar e colocar em prática ideias de educadora, sempre enfatizando as ações que despertassem nos alunos os sentimentos de pertencimento e valorização, de modo que eles se sentissem parte dos sucessos alcançados.

No ano de 1992, eu me aposentei e fui buscar uma atividade diferenciada de tudo que já tinha vivido até então. Fui convidada a administrar um restaurante do qual meu marido era sócio. Lá, aprendi e ensinei aos funcionários sobre a importância de cada um na construção de uma empresa cidadã que pudesse provocar mudanças socioambientais, com o intuito de alcançar soluções para diversos problemas da comunidade.

Após o restaurante ter sido vendido, em 1994, juntei-me a um grupo que prestava serviços, oferecendo cursos e palestras para a Asserj (Associação de Supermercados do Rio de Janeiro). Em pouco tempo, juntamente com o meu esposo, Tomás, e outros instrutores, fomos convidados a criar o Setor de Treinamentos dos Supermercados Mundial.

Elaboramos um projeto bastante audacioso e abrangente para a época. Iniciamos com a formação de lideranças e paralelamente com a qualificação profissional de todos os funcionários da empresa. Cursos sobre Atendimento ao Cliente, a Arte de Empacotar e tantos outros fizeram história desde o ano de 1994.

A realização de um dos projetos foi destaque entre tantos outros: "Atendentes de Clientes".

Funcionárias por nós qualificadas com um uniforme diferenciado se destacavam no atendimento ao consumidor, enfatizando, para todos os colegas de trabalho, a importância de dar ao cliente um tratamento que superasse, sempre, as expectativas. A teoria de como encantar o cliente foi disseminada na empresa e uma mudança foi observada em pouco espaço de tempo por toda a família Mundial. Um grito de guerra foi adotado, incentivando a prática da Excelência no Atendimento: UAU! UAU! é a interjeição (sem tradução) que causa, sempre, entusiasmo e alegria por parte dos que a bradam ao encerrar um evento ou após qualquer sucesso alcançado.

Em 2002, o Ministério do do Trabalho anunciou a exigência do cumprimento da Lei de Cotas (8213/91), que exige a contratação de 5% de Pessoas com Deficiência (PcDs), num quadro de mais de mil funcionários efetivos na instituição. Para atender tal exigência, o Mundial foi autorizado a fazer uma experiência piloto que durou dois anos, com dez PcDs, trabalhando em diferentes setores, numa de nossas filiais, e que deu muito certo. Em 2004 se fazia necessária a ampliação do projeto e eu, como coordenadora, precisei identificar os meus valores pessoais, meus pontos fortes e minhas habilidades para colocar em prática um trabalho de Inclusão Social que demandava novas competências e uma grande dose de amor e dedicação! Tive uma equipe parceira que não mediu esforços para atingirmos os objetivos propostos. Foi preciso sensibilizar todos os diretores, gestores das filiais e funcionários da empresa para implantar o projeto que tinha a parceria com a Funlar (órgão da Prefeitura do Rio especializado na preparação da PcD para o mercado de trabalho). Todos os participantes sempre tiveram espaço para gerar ideias e assumir responsabilidades. Em 2005, como educadora por formação, empreendedora por paixão e coordenadora de Responsabilidade Social por função, chegou a hora de desenvolver todas as atividades previstas no projeto. Recrutamos candidatos da Funlar e das mais diferentes instituições que esperavam uma oportunidade para colocar PcDs no mercado de trabalho. Como o Mundial iria comemorar o seu aniversário com o tema Inclusão Social, aproveitamos a ocasião para divulgar o projeto entre os clientes, diretores, gestores e funcionários da empresa.

Um evento realizado no Sesc de Nova Iguaçu, congregando mais de 15.000 pessoas (entre funcionários e seus familiares), foi palco para mostrar concursos de música, poesias, teatro, logomarca do projeto etc., a fim de sensibilizar todos os presentes com o novo projeto que se iniciava na empresa. Um dia de festa, regado a bebidas não alcoólicas e churrasco o dia todo marcou a data de Inclusão da Pessoa com Deficiência no quadro de funcionários do Mundial. Ao invés das 60 PcDs que deveríamos contratar, surpreendemos a fiscalização do Ministério do Trabalho com 200 contratados e um diferencial, muito marcante e admirado: mais de 50% eram pessoas com deficiência intelectual.

Há que se sublinhar que esse percentual é mantido até hoje e foi motivo de premiação por parte da Prefeitura do Rio de Janeiro (Secretaria da Pessoa com Deficiência), da Fecomercio, Lyons Internacional, Rotary Clube do Rio de Janeiro e outros.

Ainda, como premiação pela inclusão social na empresa, o Mundial, por duas vezes, recebeu a Medalha Pedro Ernesto, principal comenda do Rio de Janeiro, e moções oferecidas por diferentes vereadores louvando o sucesso do projeto.

Com esses mesmos objetivos fui agraciada, também, com a Medalha Pedro Ernesto e com o Título Honorífico de Cidadã Honorária do Rio de Janeiro. Confesso que a emoção e orgulho tomaram conta de mim por ter sido reconhecida como cidadã carioca que proporcionou por mais de 30 anos a melhoria da qualidade de vida de muita gente, através de meu trabalho na Rural e no Mundial.

Durante 20 anos na empresa, ouvi reivindicações de funcionários para realizar um sonho de união conjugal. Esse foi um dos maiores desafios que me propus alcançar... Sabia que este desejo não constava na missão, na visão nem nos valores a serem alcançados pelo Mundial. Mas, tornou-se um propósito real e verdadeiro para que decisões tangíveis fossem alcançadas. Foi aprovado pela diretoria o projeto de um casamento comunitário, que há tantos anos era sonhado. Aconteceu, após um ano de preparativos. A empresa arcou com todas as despesas e uma juíza eclesiástica foi a grande parceira na concretização desse evento matrimonial: 123 casais, numa festa inesquecível, fizeram juras de amor e fidelidade conjugal... E me parecem muito felizes até hoje e muito gratos e orgulhosos pela empresa que realizou um sonho há tantos anos sonhado... O sr. Antônio, diretor da empresa, e eu fomos escolhidos para padrinhos de todos os casais. Essa foi uma homenagem que muito nos gratificou e é lembrada cada vez que somos surpreendidos com uma feliz evocação: "Sua bênção, padrinho" ou "sua bênção, madrinha"!

Outro evento marcante foi a comemoração dos 15 anos de inclusão da PcD na empresa, que deixou muitas saudades...

A festa, com direito ao "baile de debutantes", com príncipes e princesas vestidos a caráter pelos gerentes das filiais, comes e bebes em abundância e o bolo e docinhos caracterizados com o tema da festa. O Coral de Surdos criado em 2005, que já se apresentou em diferentes eventos e até para a Presidência da República, foi destaque na comemoração dos 15 anos do projeto...

Para garantir o sucesso da Inclusão Social, desde 2005 contamos com funcionárias voluntárias que se candidataram a madrinhas dos PcDs. Cada filial tinha uma ou mais funcionárias que com brilho nos olhos desejavam inovar, participando do projeto. Acompanhavam as dificuldades de adaptação e auxiliavam na qualificação profissional de cada um.

Na época, por termos incluído PcDs analfabetos, criamos o Pase (Projeto de Ação Social na Empresa) que iniciou com a alfabetização dos funcionários (PcDs ou não). Com o tempo, as professoras voluntárias puderam ser capacitadas, através de um convênio com a Secretaria de Educação, pelas coordenadoras do Projeto Brasil Alfabetizado. Mais de 300 funcionários receberam, durante vários anos, o certificado de alfabetizado.

Muitos desses e outros interessados em continuar os seus estudos terminaram o Telecurso Primeiro e Segundo Graus, um novo projeto realizado através do convênio com a Secretaria Estadual de Ensino. A festa para os 84 alunos foi inesquecível.

Hoje, temos 22 agentes de Responsabilidade Social, colocando em prática os mesmos objetivos que durante 16 anos as voluntárias procuraram alcançar.

Mas, já não realizam outras atividades e sim recebem um salário diferenciado para desenvolverem somente as funções de Madrinhas e Professoras dos PcDs e Monitoras dos Jovens Aprendizes.

Na busca para atendimento às Leis de Cotas e da Aprendizagem, o Mundial vem identificando caminhos e desafios específicos de cada uma delas. A proposta continua sendo a identificação de soluções para o cumprimento de ambas, não por ser obrigatório por lei, mas por ser um dever de cidadania e responsabilidade social que a empresa tem entre os seus valores a cumprir. Dessa forma, como consequência todos ganham: a sociedade; as Pessoas com Deficiência; os jovens aprendizes e a empresa.

A experiência no Projeto Jovens Aprendizes vem demonstrando, durante os 18 anos em que foi implementado no Mundial, a mudança de comportamento dos participantes, a quebra das barreiras atitudinais, estigmas, estereótipos e discriminações, transformando-os em candidatos preferenciais para o quadro efetivo da empresa.

Bem, por mais que o nosso trabalho, tanto com PCDs quanto com os Jovens Aprendizes, seja referência no Rio e (pode-se dizer) no Brasil, sabemos que se faz necessário analisar o cenário, constantemente; usar a criatividade; selecionar as melhores ideias inovadoras, sempre pensando em "descobrir valores e transformar pessoas".

Lamentamos não poder contar com todos os pais ou responsáveis dos participantes dos dois projetos. Tristes histórias de PcDs e Jovens Aprendizes estão catalogadas como experiências negativas que muito nos preocupam... Entretanto, com eles aprendemos muitas estratégias de superação, a prática da ética e da responsabilidade social. Mas, hoje, o que mais nos gratifica é poder vivenciar o verdadeiro sentido da PEDAGOGIA DO AMOR!...

Uma história que
nunca terá fim.
Era uma vez...

Leila Cristina
Jorge

## Leila Cristina Jorge

Escritora, terapeuta sexual, além de hipnoterapeuta ericksoniana e clássica, pela OMNI, *life coach* e PNL. Graduada em Biologia, pesquisadora, Mestre (MSc) pela Universidade Federal Fluminense, professora universitária e palestrante. Nos últimos dez anos dedicou-se ao estudo de disciplinas e terapias sobre desenvolvimento pessoal e humano, e ao atendimento para doenças psicossomáticas, traumas, disfunções e inadequações sexuais. Realiza trabalhos voluntários de atendimento em várias instituições.

Eu nasci há 63 anos em uma cidade do Estado do Rio de Janeiro chamada Nova Iguaçu. Já era um grande município, mas meu sonho era vir morar no Rio de Janeiro, capital. Aos 16 anos me mudei e vim morar com minha mãe e minha avó materna em Vila Isabel. Após me formar em Biologia atuei nas áreas de meio ambiente, pesquisa e magistério por muitos anos.

Venho de uma família que sempre empreendeu, meus exemplos foram as mulheres: minhas avós, minha tia por parte de pai, minha mãe, que foram mulheres fortes e lutadoras. Todas trabalharam e se sacrificaram muito para ter uma vida melhor e dar mais qualidade de vida para todos nós.

Eu resolvi seguir por outro caminho, durante muitos anos atuei como professora do terceiro grau e com pesquisa. A área acadêmica sempre me fascinou, mas a vida muda e um dia, finalmente, decidi fazer alguma coisa por conta própria, mudando radicalmente minha trajetória.

Depois de um período sabático – e lá se foram três longos anos – decidi que sexualidade era a área de atuação que eu queria para mim nesta nova fase.

Comecei montando uma *sex shop* virtual, que depois passou a ser complementada por uma loja física de cosméticos (uma franquia). Ia tudo muito bem, a empresa crescendo, me projetando no mercado... e veio a crise que nos atingiu em 2014/15. Assim, fui obrigada a fechar tudo e assumir uma grande dívida. Já estava no meio da pós-graduação em Terapia Sexual, Saúde e Educação, curso que eu amava fazer, mas era em São Paulo, as despesas muito grandes e eu precisei trancar, mas foi por pouco tempo, felizmente. Estudar nunca esteve fora dos meus planos, o que faço com muito prazer e orgulho até hoje!

Parecia o fim, na verdade era o "fim"! O fim de uma fase, um tempo, uma esperança, um sonho... E recomeçar quando não foi isso que planejamos é sempre muito difícil. Mas recomeçar é uma prática em minha vida, na verdade, este desafio de mudar acaba sendo muito gratificante...

As maiores dificuldades que enfrentei, além da falta de dinheiro, foram relacionadas ao preconceito, porque quando se fala de sexo ou sexualidade o imaginário coletivo nos remete a ideias preconcebidas que têm uma conotação muito negativa. E comigo não foi diferente, todos ao meu redor torceram o nariz para o que eu fazia. Mas eu sempre fui "teimosa", como diziam minha mãe e avós, e persisti no que eu sabia (intuitivamente) ser o melhor para mim.

Retomei os estudos da pós-graduação e resolvi que eu queria realmente me dedicar à prática da sexualidade humana, atuando como terapeuta. Para complementar os estudos e minha capacitação fiz muitos outros cursos que me qualificaram e me colocaram na posição de me sentir capaz e tranquila para exercer a profissão que amo. Acrescentei à minha formação Hipnoterapia Ericksoniana e Clássica, Gerontologia (me tornando especialista em sexualidade na maturidade), além de Psicanálise.

Mesmo ainda existindo preconceitos em relação à sexualidade, sou muito respeitada e bem-sucedida no que faço, conquistei essa posição com um trabalho sério voltado ao bem-estar das pessoas, publicações, palestras, participando de programas de entrevistas nas rádios e TVs, e usando a mídia digital.

Mais importante do que as dificuldades que posso enfrentar é o resultado que conquisto a cada dia, é saber que ajudei uma pessoa a ter uma qualidade de vida melhor, isto me satisfaz plenamente e me dá a força necessária para continuar lutando, trabalhando e sempre me atualizando.

Ahhhh... foram tantos aprendizados, tantas lições tiradas neste processo... A mais importante de todas é que NUNCA devemos abrir mão de um sonho, um ideal, por mais difícil que seja, se ele é o que realmente amamos e irá nos fazer feliz, a estrada para esta conquista estará aberta à nossa frente. Devemos trilhar o caminho sem medo. As dores, estas virão de qualquer maneira, então que seja pelo que desejamos de verdade.

E hoje quando olho para o caminho que já percorri, quando me lembro das pessoas dizendo: você é doida, isso não serve para você, sinto vontade de rir... Um sorriso imenso de satisfação e vitória aparece em meus lábios e penso "fiz muito bem e faria tudo de novo!!!!"

Lembro-me de um fato engraçado que até hoje me dá a certeza que fiz a escolha certa. Em 2012 fui tirar o visto americano pela primeira vez, para irmos em família para Orlando. Fui com meu marido e meu filho mais novo (e sua namorada na época) para a entrevista com o cônsul no Rio de Janeiro. Meu filho, cheio de preocupações, talvez com medo de não conseguir o visto, repetia: "Mãe, não fala que você tem uma *sex shop*...", e quando o cônsul perguntou o que eu fazia e eu respondi ele simplesmente sorriu. O preconceito começou em casa!

Se eu fosse escutar tudo o que os outros dizem e pensam eu estaria em uma horrível posição de submissão. Se você que

137

está me lendo agora passa por algo parecido, saiba que quem dá palpites nunca lhe pergunta antes: "Você é feliz? Gosta do que faz?" Portanto cuide de seu bem-estar, escolha o que é melhor para você naquele momento, e, se no futuro descobrir que não era aquilo que você queria ou deveria ter feito, não tenha medo nem vergonha de recomeçar. A vida é isso, todos os dias temos uma nova oportunidade de fazer alguma coisa, nova ou repetida, mas temos essa chance. A escolha é nossa, a responsabilidade e as consequências também.

Hoje a tecnologia e a internet (principalmente) dominam todos os mercados onde atuamos, seja ele qual for, por isso temos que estar atualizadas, e como isso está cada vez mais difícil!

Na minha área, saúde e sexualidade, é muito importante ter a tecnologia como aliada, seja para atualização ou divulgação do que fazemos, as pessoas precisam nos conhecer e saber qual é o nosso trabalho, como o fazemos e os resultados que podemos obter, portanto, se você quer seguir no mesmo caminho, não economize nem retenha informação, divulgue o mais que puder.

Se o conhecimento é precioso, ele deve ser compartilhado, não tenha medo da concorrência, mostre o que você sabe e faça a diferença no mercado.

Sou formada em Biologia com Licenciatura e Bacharelado, tenho algumas pós-graduações e um mestrado, o que me abriu muitas portas para atuar em áreas diversas, inclusive na pesquisa e magistério. A Biologia ainda é uma área com um vasto campo de atuação, se você for uma pessoa mais aventureira, poderá embarcar em atividades e projetos fora de seu Estado, ou mesmo fora do País. Se não for, poderá trabalhar com pesquisa, no magistério, em laboratórios, indústrias farmacêuticas, museus, engenharia genética, e muitas outras opções.

Eu sempre disse aos meus filhos que fizessem aquilo que lhes desse prazer e é o recado que deixo para vocês que estão lendo este livro. Nada na vida vale o sacrifício de acordar e ter que sair para trabalhar em algo que não faz seus olhos brilharem e seu coração bater forte. Escolha bem a sua profissão! Quando não se gosta do que se faz as consequências são péssimas, podendo até levar a doenças e depressão. Você não faz a profissão, mas a profissão faz você ser alguém melhor ou uma pessoa triste ou revoltada.

Minhas dicas para ter sucesso em uma carreira, seja ela qual for, é em primeiro lugar estar apaixonada. Sim, apaixonada pelo trabalho, pela sua atividade, ela deve ser o motor que fará todo o resto funcionar. Mesmo que seja uma área onde o domínio masculino prevaleça e os homens tenham os cargos mais bem remunerados, nunca, mas nunca, se deixe abater por isso. Mostre sua força, sua determinação, faça valer sua competência, se prepare para ter domínio das situações mais complexas, não abandone os valores que você traz da sua casa, da sua educação e da sua família.

Reclamamos do machismo vigente e da pouca visibilidade que a maioria de nós, mulheres, tem em cargos equivalentes aos dos homens, mas precisamos ver as conquistas que já fizemos. Passamos a ter direito ao voto aqui no Brasil apenas em 1932, ainda ontem! Nossas conquistas são muito recentes, neste universo masculino, mas aos poucos vamos ocupando cargos nunca imaginados, já pilotamos avião, navio, dirigimos caminhões, somos médicas, engenheiras, CEO de grandes empresas, presidentes da República em vários países do mundo, jogamos futebol, somos árbitras, delegadas, corretoras de investimentos, treinadoras de futebol, basquete, vôlei, mecânicas de automóveis, vamos ao espaço, somos o que desejamos ser, e se alguém disser o contrário, que mulher não pode, faça e mostre que pode sim, mulher pode ser o que quiser!

Hoje, ainda, a presença feminina em posições de liderança é muito pequena, precisamos de mais políticas dentro das empresas voltadas a abrir este mercado. As empresas podem e devem investir mais na mulher para cargos antes apenas delegados aos homens. Basta haver mais estímulos e incentivos e salários equivalentes para as mesmas funções, independentemente da orientação sexual, para não dizer do sexo, da pessoa que a irá exercer.

As empresas precisam realmente investir mais em suas mulheres com projetos, incentivo, disponibilização de creches, salários iguais aos dos homens, valorização desta mão de obra.

Na minha área, saúde e sexualidade, existem mulheres que fizeram e outras que ainda fazem muita diferença. Deixo agora para sua consulta e reflexão algumas que participaram com seus legados, seus livros, suas descobertas, textos, pesquisas etc. na minha formação, e fizeram com que ela fosse mais completa e interessante.

Virginia E. Johnson foi uma psicóloga norte-americana que fez parte do grupo de pesquisas sobre a sexualidade humana. Atuou em conjunto com William Masters, médico. Ela foi pioneira no estudo da natureza da reação sexual humana e da diagnose e do tratamento de desordens sexuais (1957 a 1990). (JOHNSON, V. E., *in* Wikipédia).

Helen Singer Kaplan (6 de fevereiro de 1929 – 17 de agosto de 1995) foi uma terapeuta sexual austro-americana e fundadora da primeira clínica nos Estados Unidos para distúrbios sexuais estabelecidos em uma escola de Medicina. Ela era conhecida por seus esforços em combinar algumas das ideias e técnicas da Psicanálise com os métodos comportamentais. Ela defendia a ideia de que as pessoas deveriam desfrutar a atividade sexual, tanto quanto possível, em oposição a vê-lo como algo sujo ou prejudicial. (KAPLAN, H. S., *in* Wikipédia).

Ainda hoje sua técnica é muito atual, eu aplico esta mistura de conhecimentos com meus pacientes e obtenho resultados maravilhosos. **Ser transdisciplinar na minha área é fundamental.**

Helen O'Connell, em 1998, publicou um artigo que concluía

que a descrição da anatomia clitoriana era inapropriada, e a partir desta publicação o clitóris passou a ser estudado e ter importância como ninguém ainda havia feito ou pesquisado.

Rosemary Basson, pesquisadora canadense, a partir de 2001, publicou artigos que traziam uma nova proposta de entendimento da sexualidade feminina, e principalmente do ciclo da resposta sexual da mulher.

Mirian Goldenberg é uma antropóloga e escritora brasileira, é doutora em Antropologia Social pelo Museu Nacional da Universidade Federal do Rio de Janeiro. Seus livros são deliciosos de ler.

Mary Lucy Murray Del Priore é uma historiadora, escritora e professora de História brasileira. Ela é uma importante referência na formação histórica cultural de quem pretende se aventurar no estudo da sexualidade.

Existem muitas outras leituras maravilhosas de várias áreas do conhecimento (de Antropologia, sexualidade, Psicanálise, Medicina, Biologia) que são muito importantes na formação de uma terapeuta sexual.

Nas horas vagas – sim, eu procuro fazer uma agenda em que os finais de semana sejam livres –, eu adoro viajar, assistir filmes, ler, frequentar restaurantes e cafeterias, minha nova diversão... e de preferência com as amigas, porque sair com amigas é uma excelente terapia, assim como estar com a família.

Também devolvo ao Universo tudo de melhor que recebo fazendo trabalhos voluntários. Ajudar quem está sofrendo é a recompensa que recebo, saber que uma pessoa está vivendo melhor graças a uma intervenção minha é muito gratificante, se vocês pudessem ver as carinhas de alívio, alegria e satisfação de pessoas que vão ao consultório e relatam suas conquistas, suas melhoras e felicidade vocês também compartilhariam comigo esta alegria. Esta é a grande motivação que tenho: fazer o que gosto, com amor e dedicação.

Mas não concluí meus planos e sonhos, nem vou concluir nunca, só quando parar de viver, e agora vem aí a tão sonhada, acalentada e planejada clínica, onde pretendo transformar dores em alegrias, na medida do possível, para que as pessoas tenham mais qualidade de vida.

E, para terminar, deixo esta bela frase para vocês refletirem:

> *"A vida tem sons, que pra gente ouvir precisa aprender a começar de novo. É como tocar o mesmo violão e nele compor uma nova canção."* – Roupa Nova

# Recomeços

Simone Madrid

## Simone Madrid

Sócia-fundadora da Teamwork Hunting Consultoria em RH e da *startup* de soluções em mentoria online Top2You. Sólida experiência profissional com mais de 20 anos na gestão de Recursos Humanos em empresas como Souza Cruz – BAT e Pepsico do Brasil, depois com atuação em Executive Search como sócia da Teamwork Hunting desde 1995, e nos últimos dois anos como sócia da Top2You.

Graduada em Administração de Empresas e extensão em Gestão de Negócios pelo Anglo Americano – Sesat/RJ.

Contatos:

E-mail: simimadrid13@gmail.com

LinkedIn: linkedin.com/in/simonemadrid

Sou carioca e nasci no dia 10 de abril de 1962, em um hospital no Catete, perto do Centro do Rio de Janeiro. Meus pais eram casados e de classe média e morávamos na Tijuca, tradicional bairro carioca. Tinha um irmão seis anos mais velho e minha infância foi saudável e normal.

Fui criada pelos meus pais até os meus 13 anos, quando eles se separaram e aí começou um novo ciclo na família, infelizmente com muitas brigas, mágoas e tristezas. O meu pai era muito apegado comigo, saiu de casa já com um novo relacionamento e brigou feio com minha mãe e meu irmão. Como eu não entendia bem o que estava acontecendo, procurava apenas amenizar as minhas saudades e tristezas... Mas eles não se entendiam e eu acabei sofrendo as consequências, ficando 13 anos sem conviver com o meu pai.

Ele tinha sido executivo de uma multinacional, quando saiu de casa tínhamos uma vida de classe média alta e morávamos muito bem. Ele, deslumbrado com a nova vida, se aposentou com um belíssimo pacote de remuneração, começou a gastar sem medidas e perdeu tudo o que tinha e, no caso, nós perdemos mais ainda. Minha mãe, que nunca tinha trabalhado, encontrou um emprego de vendedora de uma loja de objetos de arte e eu comecei a vender artigos importados para amigos e na escola. Mudamos para um apartamento de quarto e sala em Copacabana e eu dividia uma cama de casal com minha mãe e meu irmão dormia no sofá. Mudamos mais algumas vezes de apartamento, sempre buscando preços de aluguel mais baixos e tentando sobreviver da melhor forma. Minha mãe tinha problema de coração, sempre dava uns sustos em mim e no meu irmão com internações relâmpago e vivíamos com a adrenalina alta.

Passei no vestibular para Administração de Empresas aos 16 anos em uma faculdade particular noturna de segunda linha e tive que trabalhar desde o início para pagar os meus estudos. Meu primeiro emprego foi como atendente de produtos financeiros no Citibank e aí começou a minha primeira virada na vida. Mesmo estudando à noite consegui me destacar no que fazia e fui chamada para ser analista de mercado financeiro no Banco BMG, onde ganhava o suficiente para manter a minha família e mudar para um apartamento de uma tia em Ipanema e pagar todos os custos. Morávamos eu e minha mãe, porque nessa época meu irmão já trabalhava e ganhava bem e se mudou para o seu próprio apartamento.

Destaquei-me no trabalho e fui chamada para assumir uma mesa de operações financeiras no Banco BIC de Fortaleza, onde eu era a única mulher, e aos 24 anos isso não era fácil. Como previsto, não consegui segurar todo o descaso e a malícia com que era tratada pela equipe. Em uma situação mais crítica, na qual um operador se apropriou de um grande cliente que eu havia conseguido para o banco e ainda me acusou de ter abordado o cliente dele, o diretor, para não se indispor com esse colega, mandou que dividisse a minha comissão. Não vi outra saída a não ser pedir demissão do emprego. Uma decisão difícil, porque eu já ganhava como uma executiva de multinacional.

Nesse mesmo momento a minha mãe descobriu um câncer de intestino, do qual sofreu por três anos com severas metástases e eu tive de acompanhá-la e cuidar dela durante todo o tratamento. O dinheiro que ganhei no mercado financeiro serviu para financiar essa época de vacas magras e tristes... Tranquei a faculdade e comecei a vender roupas e bugigangas para amigos e levar a minha mãe para tratamentos e exames. Meu irmão não conseguia dividir esse tipo de tarefas comigo, pois não suportava ver minha mãe doente e sofrendo e toda a responsabilidade ficou comigo mesmo. Ela era muito guerreira e corajosa demais. Muito bonita e alegre, faleceu com 57 anos depois de brigar muito contra a doença e me vi sozinha para enfrentar novo ciclo da minha vida. Voltei para a faculdade para me formar e procurei emprego em outra área que não fosse a financeira e isso não foi fácil.

Durante a minha trajetória, minha mãe foi uma grande fonte inspiradora, por toda a garra, coragem e alegria com que levava a vida.

Com tudo isso veio o segundo recomeço... Escolhi fazer a monografia da faculdade sobre Treinamento e Desenvolvimento e foi aí que conheci o que era Recursos Humanos dentro de uma empresa. Consegui um emprego de assistente administrativa júnior na fábrica da Souza Cruz. Ficava no departamento pessoal carimbando carteiras de trabalho. Mas isso foi muito legal porque tinha café da manhã e almoço na fábrica e o dinheiro que ganhava pagava o aluguel e o condomínio do apartamento dos meus tios, que queriam o imóvel de volta, mas assim garanti a minha moradia, pois não tinha mesmo para onde ir...

Meu irmão nessa altura dividia um apartamento com um amigo, tinha uma vida de solteiro agitada e como resultado de sua inconsequência nesses anos 90 veio com a notícia que tinha sido detectado com AIDS. E aí começava a minha jornada de cuidados e sustos com meu irmão em médicos e exames complicadíssimos por três anos. Ele veio a falecer com 39 anos...

Nesse meio do caminho conheci o pai do meu filho na Souza Cruz, e por ser sete anos mais novo ainda era estagiário.

Bem, sobre o trabalho eu me destaquei novamente. Ficava a maior parte do meu dia na empresa (lá eu tinha o que comer...), trabalhava incansavelmente e aprendia tudo o que eu podia com os outros profissionais de áreas diferentes. Com esse esforço, fui promovida da área de carimbos de carteira para o setor de treinamento e desenvolvimento. Era assistente de um coordenador de RH para a fábrica e um de Vendas. O meu gestor responsável por vendas, quando percebeu a minha sede pelo trabalho e vontade de aprender, começou a me passar muitas das suas tarefas e eu ficava superfeliz. Até que um dia ele recebeu o convite para sair da empresa, a vaga foi aberta internamente e fui indicada a fazer parte do processo. Participei da seleção com profissionais de RH com muitos anos de casa, levamos seis meses fazendo tarefas e sendo avaliados para saber quem ficaria com o cargo. Na véspera do Natal, dia 23 de dezembro, começou a nova etapa da minha vida em RH. Fui promovida a coordenadora de Recursos Humanos para a área de Vendas com menos de um ano de empresa e isso se tornou um *case*. Encontrei-me nessa área profissional e depois de três anos fui convidada a fazer o mesmo trabalho de Recursos Humanos para vendas na Pepsico.

Iniciei na Pepsico como gerente de Recursos Humanos para todo o Brasil e fui pioneira em vários projetos de RH para vendas, e naquele momento já pulsava o meu lado empreendedor. Trabalhava com muita autonomia e sempre sendo pioneira e criativa com os projetos.

Casei-me com o meu namorado estagiário da Souza Cruz que nessa época já ocupava uma importante posição executiva em uma multinacional. Após um ano engravidei e foi o meu melhor projeto na vida: meu filho Raphael.

Agora vem um outro ciclo da minha vida, a de empreendedora. Fiquei conhecida como uma boa formadora de times para a área comercial e sabia aonde encontrar as pessoas certas para as vagas em aberto. As empresas do mercado começaram a me procurar para fazer trabalhos fora da minha empresa e com o meu filho com apenas um ano entendi que poderia ser a hora de empreender e ter qualidade de vida. Bem, empreender sim, mas longe de ter qualidade de vida... Então abri a minha consultoria de Executive Search sozinha, sem o menor conhecimento de gestão empresarial e em 1995 nasceu a Teamwork. Especializei-me naquilo que sabia fazer, que era recrutar profissionais para a área comercial. E por segmentar o meu negócio e fazer de forma diferenciada também me destaquei e logo abri uma filial em São Paulo e formei times de vendas para as principais indústrias do país.

Nossa vida pessoal e financeira foi equilibrada e tudo parecia caminhar muito bem, até compramos o nosso apartamento e em seguida virou uma casa dos sonhos, com cachorros e piscina. Mas o conto de fadas durou pouco e veio a separação... O pai do meu filho totalmente imerso no trabalho, com foco na carreira de executivo, e eu, atuando como empresária de sucesso, esquecemos de cuidar do nosso relacionamento e viramos estranhos vivendo na mesma casa. Logo no ano seguinte após a separação conheci o meu segundo relacionamento e que veio a ser meu sócio na empresa. Bem, por má gestão de ambos (vamos colocar assim)... perdi tudo o que foi conquistado nesse período: casa, carro, escritório...

Continuei tocando a minha vida independente e provedora de mim mesma achando que poderia construir tudo de novo mas enfrentei um cenário econômico diferente, novos concorrentes internacionais de grande porte e novas práticas de modelo de negócio que inviabilizavam a saúde financeira da empresa.

Veio novo ciclo de reinvenção pessoal e profissional. Sozinha, com dívidas e um cenário de mercado no meu segmento muito complicado. Resolvi reestruturar a empresa agora com a ajuda do meu filho, que já estava na faculdade de Engenharia, e foi um processo de enxugamento de custos x sobrevivência. Se não tivesse tido o apoio do meu filho nesse momento a parte de sobrevivência teria ficado comprometida mesmo... Ele me deu esperança, apoio e braço para realizar o que precisava ser feito. Ele me tirou de uma grave síndrome do pânico.

Arregacei as mangas e fui fazer o que sabia já sem equipe e contando com o meu networking... Virei *headhunter* novamente, fui buscar trabalho e participar de concorrências. Ganhei uma em São Paulo e tive um projeto que me garantiu a sobrevivência de um ano muito importante, mas sabia que a minha atividade teria que ser reinventada, pois o mercado já não era o mesmo e não conseguiria fazer recrutamento e ser remunerada da mesma forma... Tudo tinha mudado e o que eu poderia fazer??? Não sou psicóloga de formação e sim uma administradora que aprendeu no exercício da função de gestora em Recursos Humanos...

Em 2015 veio a vontade de conversar com algum profissional de sucesso do meu mercado que já tivesse passado por um processo de reinvenção e pudesse me dar algum atalho, alguma dica ou inspiração... Tentei buscar uma plataforma na web que me oferecesse esse serviço em 2015 e não encontrei... Conversei com um amigo que já estava envolvido com a nova economia e fazia parte de uma empresa grande do Vale do Silício. Ele gostou muito da ideia de criar uma ferramenta para conectar pessoas e compartilhamento de conteúdo para desenvolvimento tanto no âmbito profissional como no pessoal. E não só foi pesquisar na web também como foi falar com empresas e investidores no Vale do Silício e aí nasceu a minha nova atividade, totalmente alinhada com o meu propósito de vida.

Hoje sou sócia fundadora e idealizadora da plataforma digital de mentoria online TOP2YOU com mais seis sócios e com 65 profissionais que se disponibilizam na plataforma para compartilhar conhecimento.

Ainda somos uma startup, mas já no seu terceiro ano de existência e com o conceito cada vez mais consolidado. Imagino ser o projeto a que quero me dedicar e desenvolver utilizando conhecimento, networking e a experiência que adquiri até aqui e aprendendo no ecossistema da nova economia. A minha startup é carioca e procuramos contribuir e nos aliar a instituições locais. Muitos mentores são cariocas e procuramos estar presentes de forma voluntária e *pro bono* em eventos para o crescimento da economia do Rio de Janeiro.

Já superei vários desafios para conquistar clientes em um mercado de concorrentes multinacionais e de grande porte. Para isso me especializei no que mais sabia fazer e criei um nicho de mercado que foi recrutar especificamente para as áreas de Vendas e Marketing. Para contratações dessas áreas fiquei conhecida pela qualidade e rapidez com que chegava nos profissionais que se destacavam no mercado e os times de alta performance que ajudava a criar nas empresas clientes.

Ser mulher sócia de startup ainda não é muito comum... Além disso, trabalho em um meio com diversidade de gênero, idade e propósito. Todo dia tenho de estar preparada para desconstruir conceitos e validar novas ideias.

Sou divorciada e meu filho já mora fora de casa, em outro Estado do Brasil. O apoio e motivação para continuar sendo produtiva e seguir na jornada do empreendedorismo vem muito de manter um propósito de sempre contribuir com o outro, além da sobrevivência financeira e emocional.

Tive que abrir mão de muitos momentos de lazer com meu filho e de viajar e estudar um pouco mais. Espero ter tempo para adquirir alguns conhecimentos e desfrutar a vida. Eu achava que era necessário fazer opções nem sempre justas, pois não seria possível ter sucesso em todas as áreas da vida. Atualmente, com a maturidade, penso diferente. Acho que poderia ter ido pelo caminho do equilíbrio e com certeza ter sucesso profissional e pessoal. Quando se é mais jovem pensamos ter todo o tempo do mundo e deixamos coisas muito importantes para depois... E depois... não tem depois. Mas é possível, se soubermos ter prazer no que nos propomos a fazer, garantir um propósito e ao mesmo tempo cuidar dos principais pilares da vida: físico, afetivo e profissional.

Adotei durante a vida algumas estratégias que podem servir de inspiração para outras mulheres, por exemplo, sempre acreditei muito no poder de ouvir o outro... A habilidade de relacionamento interpessoal nos diversos meios e níveis adquiri na minha área de atuação. Surpreender, inovar e criar conexões. Compartilhar é uma fórmula de sucesso.

E ainda saber recomeçar, se reinventar, como eu fiz várias vezes. Um momento desses foi aquele em que tudo que tinha construído por mais de 20 anos na minha consultoria já não era receita de sucesso e não tinha capital guardado para um novo ciclo. Consegui superar esse desafio e me tornar uma consultoria boutique de Executive Search no meu segmento de atuação.

Quanto à minha vida pessoal, minha maior conquista foi criar e educar meu filho com os valores em que sempre acreditei. Respeito, ética e coragem.

Saber lidar com a frustração também é importante, porque são muitas no caminho, mas tento usá-las como alavanca para que eu possa me provar... fazer da forma que possa dar certo... acreditar que da próxima vez vai dar certo. É preciso ainda ter motivações, no meu caso, é poder contribuir para um bem maior... abrir caminhos para o outro e compartilhar.

Eu me defino como uma mulher corajosa (enfrento meus medos todos os dias), inovadora (sempre querendo fazer diferente) e crédula (ainda acredito nas pessoas). Sou carioca de nascimento e coração. Espero poder contribuir para a retomada econômica da minha cidade e que possamos sempre ser a referência de cidade maravilhosa.

Todos queremos ter felicidade na vida, mas ela varia de pessoa para pessoa. Quanto a mim, o que me faz feliz é meu filho, o trabalho, praticar esportes, música e amigos.

Como mensagem para as leitoras de todo o Brasil sobre perseguirem seus sonhos e serem bem-sucedidas, afirmo que é preciso ter coragem, ousadia e muita persistência, contudo, vale muito a pena. Na vida levamos algumas rasteiras, porém, se depois disso ainda tivermos força para levantar e continuar, com certeza vai valer muito a pena!!! Ter orgulho não só do resultado final, mas de toda a jornada...

Simone Madrid

# Sonho + Ação = Realidade

Sonia Garcia

14

## Sonia Garcia

Diretora Executiva da **UNIVERSO Consultoria & Serviços**. Atua há mais de 35 anos em Desenvolvimento Humano e Organizacional em corporações multinacionais e nacionais de grande porte. Especialista em RH, Treinamento, Desenvolvimento de Pessoas, Plano de Carreira, Formação de Equipes de Alta Performance, Eventos Corporativos, Mentoria. É *coach*, palestrante e escritora.

Formação e especialização em Gestão de Pessoas, Master Trainer, PNL, Liderança. Formação em Psicologia Organizacional, Management Effectiveness Programs e Mentoring Programs Mentor. Graduação Dale Carnegie & Associates, Inc. em Effective Communication and Human Relations, High Impact Presentations e DC Training Graduated. Premiação internacional "AWARD OF EXCELLENCE Brazil Human Resources Team". Atende às principais mídias no Rio de Janeiro e outros Estados – TV, rádio, jornal e revistas. Voluntária em instituição beneficente, ministrando aula semanal de Desenvolvimento Pessoal/Profissional e Comunicação Eficaz, gratuitamente. Monitoria na FEBRACIS em Treinamento do Método CIS – Coaching Integral Sistêmico

Fundadora do **Instituto UNIVERSO do BEM** para Atividades e Causas Sociais.

Contatos:

www.soniagarcia.com.br | soniagarciaconsultoria@gmail.com

Instagram: @soniagarciauniverso | @universoconsultoriaeserviços

YouTube: **UNIVERSO da SONIA GARCIA**

*"Dedico este capítulo ao meu amado pai, Francisco Garcia, que foi meu exemplo de inspiração na vida, de quem herdei princípios e valores dos quais muito me orgulho."*

Uma fórmula que estabeleci e sigo há algumas décadas. Sempre gostei de compartilhar, treinar e desenvolver pessoas porque tudo nesta vida vem com Manual de Instrução e dá pra saber como funciona, menos GENTE. Não podemos saber como cada um funciona a não ser nos relacionando. Isso é fascinante. Gosto de fazer as pessoas perceberem seu potencial e capacidade de conquistar o que desejam. Sempre amei compartilhar com as pessoas o que aprendi da vida através do exemplo. Um dia, alguém me perguntou o que eu considerava ter sido a fórmula dos meus bons resultados. Não hesitei em responder que acredito ter sido saber aproveitar bem todas as oportunidades que surgiram. A maioria das pessoas sempre deseja o bônus dos resultados, sem querer assumir o ônus dos desafios. Porém, o caminho entre acreditar que algo é possível até ver sua realização nem sempre é fácil. Exige planejamento, foco, determinação, disciplina, renúncia, comprometimento e principalmente consistência no seu propósito de REALIZAR o que planejou FAZER.

Comecei a desenvolver superação dos desafios na infância. Movida por forte intuição, sabia que tinha que estudar muito para vencer as maratonas escolares e conquistar meus primeiros bons resultados. Eles vinham como troféus, em forma de simples brinquedos (lembro-me de quase todos). Adorava conquistá-los. Isso já me mostrava que o caminho para ter o que eu desejava SÓ DEPENDIA do meu empenho. Filha de pais pobres, meu pai caminhoneiro e minha mãe do lar, nada foi fácil. Estudei em escola pública, onde fui muito bem preparada. Consegui uma bolsa no ensino médio, o que me desafiava a não perdê-la, tendo que atingir médias altas por todo o curso. Nunca nada nos faltou, mas tive uma infância muito restrita e controlada para despesas que não estivessem relacionadas às prioridades. Nada faltava, nada sobrava.

Comecei a trabalhar muito cedo. Com 17 anos já tinha um contrato de trabalho assinado. Meu primeiro desafio profissional foi agenciar moradores em Campo Grande, Zona Oeste do Rio de Janeiro, para sócios em uma instituição que teria escola, médicos e dentistas para a população local. Aproveitariam as melhores performances para trabalhar na instituição. Claro que conquistei uma das vagas e fiquei locada na secretaria da escola. Foi minha primeira conquista de experiência profissional. Na sequência, destaco os grandes grupos onde atuei. Gerdau (na época, Cosigua - Cia. Siderúrgica da Guanabara), Grupo Sacipan (Café Câmara), Caneco/Fermasa (Estaleiro) e Tupperware Brands Corporation, multinacional americana com sede em Orlando, na Flórida, com unidades em mais de 12 países.

## Qual é o seu Perfil? Reclamar ou Agir?

Se você trabalha em uma empresa onde deseja crescer profissionalmente, sua capacitação deve ser prioridade para atender às exigências do cargo que pretende ocupar na organização. Caso contrário, o RH irá buscar no mercado profissionais qualificados para o cargo que VOCÊ poderia ocupar em um recrutamento interno. Vitimizar-se e reclamar não muda nada. Para crescer profissionalmente, você precisa ter OBJETIVOS bem definidos, visão de mercado e de futuro, planejamento de carreira, foco, consistência nas metas, comprometimento e disciplina com o passo a passo de onde está até onde pretende atingir. Ficar muitos anos na mesma empresa sem evoluir significa acomodação e falta de capacitação para crescimento. Se você tem potencial, qualificações, a empresa não tem plano de carreira, não reconhece suas competências ou não pode oferecer oportunidade de crescimento, é hora de mudar. O tempo passa e não espera por quem não tem ATITUDE.

Foi aceitando desafios, que a maioria das pessoas não queria, e aproveitando oportunidades que conquistei meu crescimento e conceito. É muito comum as pessoas desejarem boas recompensas mas não estarem dispostas ao trabalho duro, à transpiração e a enfrentar os desafios para atingir bons resultados. Conquistei meus objetivos de crescimento investindo em capacitação e participação ativa nas atividades da empresa, onde aproveitava todas as oportunidades que outros recusavam. Comecei como secretária bilíngue na área de Construção de Moldes. Era desafiador estar em uma empresa americana, com diretor francês que não falava Inglês, numa área com termos extremamente técnicos. Eu não podia ser só boa, tinha que ser "The Best". Decorei dicionário técnico, fiz glossário dos termos usuais. Abria desenhos na bancada da Ferramentaria e Manutenção para, junto com especialistas das áreas, aprender o que era cada coisa que precisava entender.

Ninguém queria ser secretária da Cipa (Comissão Interna de Prevenção de Acidentes) porque agregava muito trabalho extra sem remuneração adicional. Eu aceitei a experiência. Junto com muito trabalho adicional, vinham também participações nas auditorias internacionais com diretores dos EUA. Ao final de cada dia de auditoria, também era convidada para participar dos jantares e tinha oportunidade de acesso à alta direção da empresa. Com o domínio do Inglês, podia conversar, explanar ideias, falar das minhas capacitações, me tornando mais conhecida entre os gestores. Participava das reuniões do Programa Brainstorming, junto aos membros do *staff* corporativo, e levava muitas sugestões para análise. Fui voluntária nas comissões de eventos da empresa. Todos chegavam de mãos vazias apenas para participar, mas sempre levei sugestões que acabavam sendo implementadas. Estas e várias outras atitudes foram me dando mais identidade e reconhecimento do potencial que eu tinha para oferecer à empresa. Trabalhei com recursos humanos nas empresas anteriores, e o gerente de RH me fez um convite para assumir o Departamento de Recrutamento, Seleção e Treinamento por eu ter formação para isso.

Nessa ocasião, eu era secretária bilíngue na área de Logística – Controle de Produção. Muito entusiasmada e grata pelo reconhecimento, aceitei o desafio. Dediquei-me muito e bons resultados surgiram. Com o tempo vieram as promoções para supervisora, coordenadora e gerente de RH. Fiquei responsável pelo RH Brasil, incluindo operação de fábrica no Rio de Janeiro e escritório em São Paulo. A eficiência do trabalho conquistou bom conceito dos colaboradores internos, prestadores externos e *staff* da empresa, gerando minha promoção para SR Human Resource Manager, posteriormente SR Industrial Relations Manager. Junto ao meu *staff*, conquistamos resultados expressivos e premiações nacionais e internacionais. Tive vários *cases* de sucesso, entre eles manter a empresa sem uma única reclamação trabalhista durante toda minha gestão à frente do RH, suportada por uma equipe de alta competência, a qual tinha muito orgulho de ter formado e liderar. Por algum tempo, vivia na ponte aérea Rio/São Paulo. Logo que acordava, não sabia se estava no Rio, em São Paulo, em casa ou no hotel. Representava a empresa perante os sindicatos, todas as obrigações legais e responsabilidades corporativas internacionais. Liderávamos programas e campanhas corporativas do Brasil na área Ibero América, onde estávamos lotados na corporação. Toda especialização adquirida, viagens por todo o Brasil e Exterior, eventos corporativos, poder de negociação e administração me deram uma experiência global muito importante.

# Se não for pra contribuir, de que vale viver?

Podemos levar séculos até descobrir algo que, quando descoberto, acelera processos de inovação e utilizações tecnológicas num piscar de olhos. Assim foi com os benefícios da internet. Ela conectou o mundo, as pessoas, as nações, as ideias. Transformou tudo que conhecíamos antes em facilidades nunca antes exploradas. Mas... como tudo na vida, é preciso equilíbrio e bom senso para que os benefícios de algo novo não tragam prejuízos. De volta às pessoas. Cada um tem em si um mundo de decisões e escolhas para usar com livre arbítrio. Beneficiar-se ou prejudicar-se com uma escolha depende da sua decisão. Na gestão do trabalho ocorre a mesma coisa. Por maiores que sejam as inovações, processos, investimento tecnológico, fluxo financeiro, investimento de recursos e tudo mais que faça parte de um empreendimento ou corporação, ainda serão AS PESSOAS que farão toda diferença em seus RESULTADOS.

GENTE é sempre o GRANDE DIFERENCIAL em tudo.

Toda minha experiência corporativa me fortaleceu para o empreendedorismo, principalmente porque, aceitando desafios de todas as oportunidades, ampliei meu leque de visão e me tornei flexível para absorver as dificuldades que o empreendedorismo impõe. Principalmente na fase de implementação dos negócios, muitas vezes você tem que atuar em todas as frentes. Para minimizar custos e estruturar seu negócio, você é gestor e operacional. Tem que entender do Comercial, do Marketing, de Comunicações, do Financeiro e ter tudo sob controle. Vemos modelos de negócios com toda infraestrutura para ter sucesso não funcionando bem. Vemos pequenos negócios, bem administrados, por pessoas capazes de alavancar em poucos anos uma pequena estrutura ou transformar uma "boa ideia" em *cases* de sucesso". Sempre são as pessoas que fazem toda diferença. Empreender é, acima de tudo, perceber as necessidades do cliente, atendê-las com eficiência, comprometimento, ética, princípios e valores. Provei isso quando, há alguns anos passados, fiz a troca do operador logístico da AMBEV em uma operação altamente desafiadora que ocorreu com o maior sucesso.

## Dificuldades & Super... Ações

Uma vez li e concordo que "Quem não tem competência, não se estabelece" e este é um dos principais desafios da mulher, se estabelecer por competência, num mercado (ainda tão predominantemente) masculino. Este panorama vem mudando, mas esta mudança ainda tem disparidades, principalmente no que se refere a remuneração. Sofri assédio moral, discriminação de benefícios e oportunidades, o que realimentava minha garra para conquistar cada vez mais meu espaço por competência. Tive de sacrificar muitas coisas que não pude fazer nas áreas pessoais. Hoje vivencio com meus netos muito mais do que pude dar de presença ao meu filho. Tive que abrir mão de convívio familiar, social, viagens e tantas coisas mais para não desistir dos meus objetivos e ter consistência no meu propósito. Vejo que algumas coisas que perdi fortaleceram o que tento recuperar nas novas regras que estabeleci para seguir um ritmo mais equilibrado de vida pessoal/profissional. TER jamais deve ser mais importante do que o que você pode SER junto às pessoas que ama. Afinal, são estas pessoas que você ama, família e amigos verdadeiros, que estarão próximas a você quando você precisar.

Tudo é aprendizado. Nos anos da minha trajetória profissional encontrei pessoas maravilhosas e inspiradoras e também aquelas que são bons exemplos de como não ser. Uma das coisas que sempre me chamou atenção na vida, lidando com pessoas, são os comentários que ouvimos sobre alguém quando a pessoa não está presente. Percebemos que pessoas inspiradoras são sempre aquelas que adorariam ouvir o que dizem delas em sua ausência. E aquelas que são exemplos de como NÃO ser, é melhor que não ouçam mesmo as considerações que provocam. Por isso, a melhor sugestão é sempre viver com aquela SUPERDICA tão sábia daquele cara incrível que passou pela Terra, chamado Jesus: amar e dar ao próximo tudo aquilo que você gostaria de ter e que fizessem por você. Empreender é muito bom quando os bons resultados acontecem, mas devemos nos lembrar sempre de cultivar a relação ganha/ganha, proporcionando também os bons resultados para o outro.

## Percepções aceleram aprendizado

Independentemente das ferramentas de gestão que existem para levar uma pessoa do Ponto A = Objetivo, até o Ponto B = REALIZAÇÃO, quando seus desejos são baseados em certezas e você merece o que deseja, Deus e o Universo conspiram a seu favor. Percebi que existiam "coincidências demais" em minha vida. Esta palavra sempre me intrigou, tanto que algumas das muitas coincidências eu denominava de "pequenos milagres". Eles foram constantes. Não tem relação com religiosidade e, sim, com percepções da mente em relação aos processos de perfeição de como tudo funciona no Universo. Amava meu trabalho e todas as minhas atribuições. Desfrutava dos investimentos em capacitação e especializações. Tinha alto conceito profissional mas... a empresa passava por muitas transformações de ajustes corporativos para adequar as diretrizes internacionais às necessidades da unidade Brasil. O país atravessava uma das suas piores crises em todos os segmentos. Mercado de trabalho com os maiores índices de desemprego da história. Um panorama catastrófico de mudança de governo gerando instabilidade econômica no País inteiro. Processos de combate a corrupção estourando para o mundo. Tantas outras coisas ocorrendo levou a matriz/USA a decidir alterar o modelo de negócio no Brasil. Mesmo com decisões já tomadas em relação à reestruturação na empresa, que afetaria diretamente a posição que eu ocupava, fui convidada pelo diretor argentino que assumiu o Brasil a permanecer na organização por meus resultados, conceito e crescimento profissional, e que me levaram à posição de gestão de confiança que eu desempenhava.

## O "não" mais importante da minha vida...

....Apesar das dificuldades no Brasil do mercado para quem tem mais de 50 anos, tendo um pacote atrativo de benefícios, remuneração confortável, estabilidade conceitual, anos de uma carreira construída com expressiva evolução profissional... eu disse "NÃO para permanecer na empresa".

Foi um NÃO com ATITUDE, DETERMINAÇÃO e FOCO nos meus OBJETIVOS futuros. Queria não ter mais que seguir imposições com as quais (muitas vezes) não concordava nem ter que engolir sapos e às vezes o brejo inteiro. Desejava estabelecer minhas diretrizes com resultados que pretendia conquistar. Aquela era a hora certa. Minha oportunidade tão esperada. EU DISSE NÃO. O não da minha libertação e o início de tudo que queria e podia construir. AQUELE era meu momento de CERTEZA da minha capacidade de REALIZAR UM SONHO que eu acreditava POSSÍVEL. Com base na certeza de que, se o UNIVERSO sempre conspirou ao meu favor, não seria naquele momento que algo daria errado. Sair da zona de conforto é preciso quando você quer crescer e conquistar mais do que a vida já lhe deu até o ponto em que você está.

Foi naquele NÃO que me tornei EMPREENDEDORA. "Tudo fica realmente difícil se você acreditar que é difícil." Mas EU acredito que, como disse James C. Hunter, "o PENSAMENTO guia nossas AÇÕES, elas viram nossos HÁBITOS, hábitos moldam nosso CARÁTER, que nos conduz ao nosso DESTINO. Depois de dizer NÃO à minha zona de conforto, assumi a responsabilidade de ser gestora do meu próprio negócio. Hoje, sou diretora executiva da UNIVERSO Consultoria & Serviços, que atua nas áreas de RH, Treinamento, Desenvolvimento de Pessoas, Gestão de Negócios, Formação de Equipes, Eventos Corporativos, Palestras Corporativas e Motivacionais, Mentoria, Coaching e Eventos. Poder realizar o que tinha capacitação para fazer e uma profunda especialização nas áreas em que sempre atuei fez a projeção do meu trabalho ser conhecida e reconhecida no mercado.

## Parcerias alavancam crescimento

A eficiência do meu trabalho, capacitação e especialização de conhecimentos adquiridos ao longo de muitos anos em diversas frentes de atuação me levaram às principais mídias do País, atendendo TVs, ter participação frequente em programas de rádios, importantes artigos sobre mercado de trabalho em expressivos jornais, ter matérias corporativas publicadas em expressivos Portais, entre outros. Na vida é muito importante ter visão de futuro, aproveitar oportunidades e fazer boas parcerias. Através da Kelly Beltrão, gestora de uma das mais eficientes assessorias de imprensa do Rio de Janeiro, a KB Comunicação, pude ter o meu trabalho ainda mais projetado não apenas no mercado, mas também divulgado na mídia. AMO poder servir e atingir mais pessoas com minhas colaborações de conhecimento.

Para agradecer ao universo todas as oportunidades a que tive acesso na vida, realizo trabalho voluntário em uma instituição beneficente. Faço parte de uma grande equipe de profissionais especialistas em várias áreas, que doam parte do seu tempo para o BEM e o DESENVOLVIMENTO do próximo. Como parte do meu trabalho também criei a instituição UNIVERSO DO BEM, com atuação voltada para obras sociais e entidades carentes.

## Toques & DicaSG

As maiores dificuldades oferecem também as melhores oportunidades, você só precisa identificá-las, saber onde atuar e mostrar seu DIFERENCIAL. Dificuldades trazem grandes transformações que o deixam fortalecido e capaz de enfrentar desafios, inspirar pessoas com suas experiências transformadoras e construir o que jamais teria construído ficando na zona de conforto.

ATITUDE é tudo, jamais deixe de AGIR onde e quando for preciso para conquistar sua realização pessoal e profissional. Não postergue nada importante, faça já porque a vida é só hoje.

Fora deste HOJE que é o nosso grande PRESENTE, só existem lembranças (do passado) e expectativas (do futuro).

Aproveite o tempo em que a VIDA REAL realmente ACONTECE.

Boa Sorte!

As condições não
determinam seu destino.
Suas decisões, sim!

Soraya Farias

15

## Soraya Farias

Psicóloga com especialização em Terapia Cognitivo-Comportamental, hipnoterapeuta e master em PNL.

Tem formação em Psicologia Positiva, Coaching, e é autora dos Programas Presença Feminina e Empreend@123.

Quando conhecemos uma pessoa, é muito fácil criarmos uma primeira impressão a respeito dela. É comum acreditarmos que ela é assim ou assado, que teve sorte na vida ou ainda outras historinhas que costumamos construir em nossa cabeça. Nessa simplificação, vão surgindo os rótulos, que dificultam conhecermos melhor o outro e, claro, a nós mesmos nesse processo chamado vida.

Esse é um engano comum que acontece. Falo isso por experiência própria. Lembro-me de quando ainda tinha carteira assinada, e a empresa em que eu trabalhava precisava dar uma enxugada na equipe; quase fui a escolhida, simplesmente por acharem que eu tinha cara de "filhinha de papai". Por sorte ou não, uma amiga contou a minha realidade para a gerente e a escolhida foi outra. Imagina se me deixasse abater pelos rótulos?

Só que naquela época me abatia; e isso acontecia porque acreditava que a minha história de vida me definia, que algumas pessoas tinham sorte e outras não, e que mudar era algo muito difícil. Demorei alguns anos para que pudesse me permitir ir além do que eu acreditava ser possível; com o passar do tempo, fui modificando as minhas crenças, e atualmente elas estão pautadas em dois princípios:

1) Estamos em constante transformação;

2) Somos capazes de alcançar muito mais do que acreditamos em nossas vidas.

Relembrar minha história pessoal para colocá-la no papel e compartilhá-la com você me emocionou bastante. Não mais de forma negativa, ao contrário, nesse processo de escrita, percebi mais uma vez o quanto aprendi e me desenvolvi durante todos esses anos. A ressignificação é algo poderoso e deve ser realizado para que possamos seguir em frente e alcançar nossos objetivos sem adoecer no processo.

Dessa forma, compartilharei com você minha história. Nasci no dia 8 de janeiro de 1975, fui a primeira filha do relacionamento dos meus pais, o sr. João e a dona Dulce, um pernambucano e uma capixaba que se encontraram no Rio de Janeiro. Ele veio tentar a vida na cidade grande, fugindo da violência física e psicológica que sofria em casa. O estudo foi deixado de lado desde muito cedo e como dizia: "Passei o pão que o diabo amassou". E, assim, acabou enxergando o mundo com desconfiança e agressividade. Cresci escutando-o contar histórias da infância sempre com ressentimento e tristeza. Creio que infelizmente nunca perdoou sua mãe, a avó que não cheguei a conhecer.

Em relação a profissão, atuou durante anos como porteiro de edifício, tendo trocado de emprego diversas vezes. Essas trocas fizeram com que mudássemos de casa, amigos e escola constantemente. Costumava dizer que o emprego escolhido possibilitava aos filhos morarem em um local decente.

Minha mãe morava com seus pais, irmãs e irmãos. Minha avó trabalhava como costureira e meu avô, como pedreiro. Também teve uma vida muito difícil, e sua forma de lidar com a situação era: "As coisas são assim mesmo", mostrando-se constantemente resignada e vítima das situações que aconteciam em sua vida. Ainda criança era responsável pelas tarefas domésticas e também por cuidar dos irmãos mais novos. Lembro-me de ela dizer que tudo era muito difícil, tanto que acabou largando os estudos ainda no antigo primário e depois de adulta trabalhou em diversas áreas: como babá, manicure, balconista de papelaria, fazia pequenos consertos em roupas, trabalhos manuais, ou seja, estava sempre fazendo algo.

Além de mim, tiveram meu irmão, dois anos mais novo que eu. Hoje tenho um bom relacionamento com ele, mas antes havia pouca ou quase nenhuma cumplicidade. Quando penso em família, não tenho boas recordações. Lembro-me que meu pai costumava dizer – sempre em tom de brincadeira – que eu havia sido encontrada na lata do lixo. Além disso, cresci rodeada de críticas e comparações, e para completar, a relação dos meus pais era muito difícil, brigavam constantemente, e minha mãe sempre nos responsabilizava por sua infelicidade; e eu me sentia culpada por ela viver a vida que vivia. Demorou algum tempo até eu perceber a injustiça cometida, e compreender que a responsabilidade pela infelicidade dela não era minha.

Apesar da vida simples, nunca passamos necessidade. Aliás, a necessidade presente era de amor. Tanto que todas essas experiências refletiram em minha vida; tive dificuldade de aprendizagem, minha autoestima era baixíssima, sentia uma necessidade enorme de ser aceita pelas pessoas e por aí vai (posso dizer que a lista era enorme). Apesar disso, fui uma criança muito criativa e constantemente insatisfeita. Sei que fizeram o melhor que podiam e tudo bem. Afinal, cada um só oferece aquilo que é possível. Com eles aprendi o que eu não queria para a minha vida, e, claro, como uma boa filha, acabei repetindo aquele mesmo padrão durante um bom tempo.

Como queria me tornar adulta logo e o dinheiro não era algo disponível, senti a necessidade de trabalhar desde cedo. De certa forma, era algo muito natural para mim. Desde pequena, por volta dos oito anos de idade, eu costumava levar brinquedos e livros em que não tinha mais interesse e vendia na escola. Aos 14 anos, na época em que o Brasil tinha uma inflação alta e os preços mudavam semanalmente, eu trabalhava no interior de uma farmácia para fazer a troca dos preços dos remédios. Aos 16, tive meu primeiro trabalho em horário integral numa loja de sucos. No mesmo ano fui trabalhar numa loja de equipamentos de *windsurf*, e depois numa loja de roupas de Bali, que acabou sendo a porta de entrada para as lojas no shopping. Acabei abandonando a escola, sem concluir o ensino médio, pois preferi investir apenas no trabalho. Estudar naquela época era algo desestimulante.

Já o trabalho no shopping foi um mundo de muito aprendizado. As empresas investiam em treinamento e eu adorava. Trabalhar para mim sempre foi algo muito divertido, e no shopping aprendi muito sobre vendas e atendimento ao público. Vender para mim virou sinônimo de relacionamento. Tanto que passei não a ter clientes, e sim amigos.

Ao mesmo tempo, sempre gostei de ter um período para curtir a vida e viajar. E como a rotina no shopping era pesada, pois trabalhava aos sábados, domingos e feriados, acabava me desligando das empresas, tirando "férias" com duração de um final de semana, e retornando já com outra vaga garantida. Em uma dessas "férias", fui curtir sozinha o carnaval fora de época em Linhares, no Espírito Santo, e conheci várias pessoas interessantes por lá. Uma das meninas que conheci me chamou para esticar as "férias" na casa dela, em Vila Velha. Claro que topei (que meus filhos nunca leiam isso)! Afinal, quem toparia ir para a casa de uma pessoa praticamente desconhecida???

Felizmente nada aconteceu. Aliás, aconteceu! Ela me perguntou se eu tinha interesse em dividir a casa em que ela morava e eu respondi que iria ao Shopping Vitória e, se conseguisse um emprego por lá, eu toparia. Parece brincadeira, mas na primeira loja em que entrei consegui. Foi em Vitória que conheci meu marido, e onde nasceu meu primeiro filho.

Antes de ele completar um ano de idade, comecei a sentir falta do Rio de Janeiro e resolvi voltar. Naquela época eu estava com 22 para 23 anos. Voltei a trabalhar no shopping, mas com um filho pequeno não compensava financeiramente. Meu marido havia prestado concurso público e na mesma época que resolvi voltar para o Rio ele recebeu um telegrama sendo convocado para trabalhar lá como técnico judiciário. Uma maravilha, mas o salário dele não conseguia cobrir as despesas da casa. Por conta disso, vivíamos dependendo da ajuda dos meus sogros.

Era humilhante, pois a ajuda era sempre acompanhada de cobranças. Infelizmente meu marido não fazia nenhum movimento de mudança e isso me irritava muito. Eu vivia reclamando e cobrando dele alguma atitude. Percebi que eu mesma também não fazia movimento nenhum, só reclamava. Quando me dei conta, comecei a mudar isso. A mudança começou em um Dia dos Namorados. Contei ao meu marido que estava com uma ideia de preparar cestas de café da manhã e perguntei a ele se seria possível que entregasse os pedidos, caso houvesse. Ele topou, e então preparei uns três modelos iniciais, elaborei e imprimi um folder no computador e divulguei apenas no prédio em que morávamos (eram 97 apartamentos). Assim, vendemos nossas primeiras 12 cestas. Voltei para a escola, concluí o ensino médio, comecei a estudar sobre empreendedorismo e logo depois iniciei na faculdade para fazer o curso de Psicologia.

No início foi desestimulante. Os professores diziam que era muito difícil ganhar dinheiro com a Psicologia e que a maioria dos formados atuava em outras áreas. Nem cheguei a concluir o primeiro período, acabei trocando de curso, escolhendo o de Administração. Na primeira semana de curso, em uma das aulas, o professor falou tão mal da Psicologia que fiquei incomodada.

Nesse momento percebi que nunca devia ter saído do curso. Decidi que eu viveria da Psicologia, mesmo que todos os professores dissessem o contrário. E foi assim que voltei para a Psicologia.

Cinco anos se passaram, e mesmo com toda dificuldade financeira e tendo dois filhos pequenos consegui concluir minha graduação. Naquele momento, pela primeira vez, me senti uma vitoriosa. Foram momentos desafiadores, com muitas risadas, choro e muito medo também. Para completar, tinha uma pressão familiar para que eu prestasse concurso público, algo que só de pensar me causava arrepios. Trabalhar longe de casa, ganhando abaixo do que eu gostaria e com horário fixo era algo que realmente não desejava para a minha vida. Precisava da flexibilidade e da liberdade que o trabalho na clínica proporciona.

Para completar, quando eu dizia que queria atender próximo de casa, ou seja, na época na Freguesia – Jacarepaguá, diziam que eu era louca, que não teria clientes e várias outras crenças semelhantes. Assim, combinei comigo mesma que eu faria um teste; iria me dedicar ao trabalho clínico durante um ano e, se não tivesse resultado, voltaria a pensar no concurso público. Claro que eu precisava agir!

Mesmo com um obstáculo muito comum na vida das pessoas, que é a falta de dinheiro, eu precisava pensar e fazer algo. Tem uma frase que um dos meus mentores costuma dizer que é: "Tudo o que eu preciso está em mim agora"! E foi o que busquei. Busquei todos os recursos que eu tinha no momento para começar a mudar a minha realidade. Fiz um levantamento de tudo o que eu poderia fazer, e concluí que a única coisa que daria certo naquele momento sem investir um único tostão seria começar a escrever, e claro, publicar em um blog. Na época, os blogs estavam bombando e resolvi fazer o meu, mesmo sem saber como. Lembro-me que coloquei em um site de buscas "como fazer um blog" e ali dei os primeiros passos para a construção do meu blogspot.

Nesse momento eu já tinha começado a fazer terapia, e mesmo assim minha autoestima e autoconfiança eram precárias. O receio de ser criticada, de não gostarem do que eu estava escrevendo, de ter algo errado e tantos outros medos me consumiam, mas eu tinha um objetivo, e fazia com medo mesmo. Para que o meu medo não tomasse conta e não me paralisasse, pedi a uma tia que lesse tudo o que eu escrevia, e fizesse as devidas correções e críticas. Aprendi muito com isso e, o mais importante, o retorno era sempre positivo. Assim fui me soltando mais, e a cada texto publicado e compartilhado nas redes sociais alguém entrava em contato.

Até chegar ao segundo desafio: o que fazer com minha agenda lotada? Parece brincadeira, mas o que para alguns era um sonho para mim estava virando um pesadelo. Cheguei ao meu limite, e quando olhava o resultado não me sentia satisfeita. Estava muito acima do peso, vivia cansada e era totalmente sedentária. Sabia que meu bem-estar estava comprometido, e demorou algum tempo até que eu percebesse a importância que as áreas da vida têm em nossas vidas. Não tem a ver com o equilíbrio e, sim, saber cuidar da pessoa mais importante, ou seja, nós mesmas. Essa é a única forma de alcançar os resultados desejados.

Naquele momento, comecei a ajustar o que estava fora de ordem, pensei em novas possibilidades, e identifiquei o digital como sendo uma excelente oportunidade para alavancar a área profissional. A partir dali, comecei a realizar atendimentos online e passei a estudar tudo o que encontrava sobre o assunto. No início era tudo muito confuso, afinal, era algo novo para mim. Porém, com tempo e paciência fui compreendendo melhor os termos utilizados e aprendendo a implementar de forma correta no meu dia a dia.

Entre tantas coisas que aprendi, o que mais mexeu comigo foi que todas temos algo a ensinar, e olhando para os diversos atendimentos que fiz em minha prática clínica percebi que muitas mulheres tinham dores semelhantes às que vivenciei em minha vida. Muitas mulheres tinham a autoestima baixa, problemas com autoconfiança, precisavam viver relacionamentos mais significativos e, principalmente, precisavam sentir-se realizadas em suas escolhas profissionais. Diante dessa demanda nasceu o Programa Presença Feminina, que tem como objetivo despertar na mulher a sua própria força e o fortalecimento de sua autoestima e autoconfiança, para que ela possa construir a vida que deseja.

Após o sucesso do Programa, a demanda mudou. As participantes queriam saber mais sobre empreendedorismo. Perceberam que apenas o conhecimento acerca de sua área profissional não era mais o suficiente para alcançar os resultados que desejavam. E como esse tema sempre foi muito natural para mim, e sempre gostei de falar sobre esse assunto, acabei criando o Empreend@123, um curso voltado para mulheres que desejam conquistar tanto a liberdade profissional quanto financeira. Trata-se de um curso voltado para o desenvolvimento da empreendedora que existe em cada uma de nós.

Com tudo isso acontecendo, pode não parecer, mas é claro que o medo foi e é um sentimento que está sempre presente. Não apenas na minha vida, mas na vida de todos! Afinal, o medo é uma das emoções na trajetória da Humanidade. Apenas não podemos deixar que essa emoção nos paralise. Para que isso não aconteça, basta focar no objetivo que deseja alcançar e tudo acontece. Acredite!

Claro que em toda jornada existem erros e acertos, a questão está em como lidar com cada situação. Quando escolhemos perceber todo e qualquer fracasso como uma forma de aprendizagem, tudo fica mais leve. Além disso, é preciso compreender que ao fazermos uma escolha, seja ela qual for, algo sempre ficará para trás. Foque no que é realmente importante. Permita-se deixar ir o que não serve mais, e o que muitas vezes não se conecta com a mulher que você está se tornando ou que deseja ser.

Como um diamante, fui me lapidando e aprendendo que sinceridade em excesso não é legal; que não dá para compartilhar suas ideias com todo mundo e que precisamos nos amar incondicionalmente acima de tudo. E nessa jornada chamada vida busco desenvolver constantemente minha inteligência emocional e aprender com situações simples da vida, ou seja, melhorar a mim mesma a cada dia. Busco inspiração em pessoas que fazem acontecer de forma íntegra, que contribuem com o crescimento do outro, que estão em constante aprendizado e, principalmente, que não inventam desculpas para tudo.

Da mesma forma que busco inspiração nas pessoas, também procuro selecionar ambientes e pessoas que estejam congruentes com o que desejo alcançar. Você já ouviu a frase de Jim Rohn que diz: "Você é a média das cinco pessoas que mais convive"? Quando escutei essa frase pela primeira vez foi um soco na boca do estômago, pois percebi que a maioria das pessoas que me rodeavam me deixavam bem abaixo do que eu gostaria de alcançar na minha vida. Foi assim que passei a selecionar melhor as pessoas do meu convívio.

Nessa jornada, aprendi que não conseguimos agradar a todos, então passei a agradar a mim mesma, e se eu agradasse o outro nesse processo ótimo, pois a vida é muito curta para perdermos tempo com o que não nos conecta com nossos valores. Sou mais de viver os pequenos momentos, com pessoas que fazem sentido. Falando assim, parece que tudo é perfeito o tempo todo, não é? Claro que não! A vida é feita de altos e baixos para todos, e nos momentos de baixa busco refletir se estou no caminho certo, se me orgulho de minhas ações, e assim vou me fortalecendo cada vez mais.

Posso dizer que estou em constante movimento, não sou de parar, mas quando necessário respiro e me conecto com o que preciso, pois é importante estarmos atentas às nossas necessidades, senão, adoecemos. Por isso, o foco no bem-estar precisa estar em primeiro lugar, ou seja, você precisa se colocar em primeiro lugar. Digo isso, pois no momento em que passei a me respeitar e a me colocar em primeiro lugar na vida percebi que eu era a única pessoa que poderia me fazer feliz. Ninguém mais tem esse poder.

E falando em poder, acredito que as palavras têm um poder enorme. Com isso, uma das coisas que me alimentam e me servem como inspiração são algumas frases motivacionais. Escolho aquelas que tocam o meu coração, pois elas me inspiram e dão energia para me manter no objetivo. Para que você entenda do que estou falando, várias frases já passaram pela minha vida. Inclusive, já criei algumas delas, de acordo com a minha necessidade. As frases que tenho utilizado mais são: "Ao reescrever minha história, sou capaz de conquistar meus sonhos e criar a vida que desejo". Essa frase foi criada para um programa que desenvolvi voltado para mulheres chamado Presença Feminina. E, claro, não poderia faltar o querido e inspirador Tony Robbins, com uma das frases que mais gosto que diz mais ou menos assim: "Saiba que são suas decisões, e não suas condições, que determinam seu destino". Depois de lê-la diariamente não tem como não se manter em movimento.

E, para começar a encerrar este capítulo, gostaria de falar um pouco de nosso povo. Sou nascida e criada no Rio de Janeiro, e acima de tudo brasileira. Apesar de hoje não estar mais residindo lá, meu pensamento em relação à bandeira da minha cidade é o mesmo quanto à que representa o Brasil. Acredito que nossa bandeira representa todo o potencial que temos. Afinal, temos um País incrível, repleto de belezas naturais e com uma diversidade enorme. Diante disso, precisamos compreender que não se trata de cor, de gênero, ou de classe social. Cada brasileiro é capaz de conquistar o que quiser; para isso, basta confiar mais em si, acreditar que é capaz e iremos longe!

Espero que este capítulo tenha feito sentido para você, e principalmente que o inspire e desperte o desejo de ir além. Saiba que **Eu acredito em você!** Agora, é a sua vez de acreditar! Invista em seu autoconhecimento, e contribua para o crescimento de outras pessoas. Isso faz toda a diferença em seus resultados. Tem uma frase de Sartre que diz: "Não importa o que fizeram com você. O que importa é o que você faz com aquilo que fizeram com você".

# Uma veterinária que deu certo

Thalita Costa

16

## Thalita Costa

Possui graduação em Medicina Veterinária pela Universidade Castelo Branco (2009), pós-graduação em Entomologia Médica pelo Instituto Oswaldo Cruz (2010), pós-graduação em Cardiologia de Pequenos Animais pelo Instituto Qualittas/RJ (2015), pós-graduação em Nefrologia e Urologia de Pequenos Animais pela Anclivepa/SP (2017), pós-graduação em Homeopatia Veterinária pelo Instituto Hanemaniano do Brasil (2019). Atuante na Clínica de Pequenos Animais com ênfase em: cardiologia clínica, eletrocardiografia, ecocardiografia, nefrologia clínica, urologia clínica, diálise peritoneal. Membro da Sociedade de Cardiologia Veterinária (SBCV), do Colégio Brasileiro de Nefrologia e Urologia Veterinária (CBNUV) e da Associação Nacional dos Clínicos Veterinários de Pequenos Animais (Anclivepa).

Meu nome é Thalita Costa de Carvalho Baptista, nasci em 23 de março de 1984. Filha de Maristela e Hélcio, que já tinham a minha irmã mais velha, na época com quase nove anos. Sou ariana das verdadeiramente verdadeira (rs). Nasci em Nova Iguaçu, cidade da Baixada Fluminense do Rio de Janeiro. Era um bairro relativamente tranquilo, sem a violência da atualidade. Estudei toda a minha escolaridade em um colégio particular tradicional em Nova Iguaçu chamado Iguaçuano. Apesar de não ser de origem militar, ele seguia os padrões de um. Nossa primeira hora de aula era às 6h50, estávamos formando e cantando o hino às 6h30 da manhã no pátio da escola. Na época eu detestava estudar lá, mas hoje percebo o quanto foi importante na formação do meu estilo de vida que se reflete até hoje.

Comigo não há tempo quente, qualquer hora é hora, qualquer momento é momento. Sempre mantenho minha pontualidade e meus compromissos. Dificilmente não vou cumprir o combinado e isso devo muito à escola em que estudei e também a meus pais, que consentiram que eu estudasse lá, apesar de eu reclamar muito e pedir para mudar, e também davam continuidade nesse estilo de educação em casa. Minha lição era sempre feita imediatamente após chegar da escola, só depois eu poderia fazer o que quisesse (mais ou menos), dentro das regras da casa. Meus pais não admitiam nenhuma nota menor que 8,0 em qualquer disciplina que fosse. O bom disso tudo é que eu entrava de férias antes de todos os meus amigos. Durante toda a escolaridade quis fazer Veterinária, mas antes de prestar vestibular minha irmã mais velha, Camilla (que também escreve neste livro), já cursava faculdade de Medicina, o que me fez repensar se não era melhor eu optar por esse curso também. Por volta dos 17 anos, idade em que realmente deveria decidir o que seguir, comecei a namorar meu marido, Antonio Carlos, o qual já tinha acabado de cursar Medicina. Enfim, decidi tentar vestibular para Medicina, mas no fundo, no fundo não me sentia muito motivada. E claro que não passei no vestibular.

Terminei o colegial, meu namoro estava cada vez mais importante na minha vida e resolvemos nos casar. Na época eu tinha 18 anos e ele 29, estávamos apaixonados e sentíamos que isso era o nosso futuro, então por que esperar? Ao pedirmos aos meus pais permissão para nos casarmos, eles entenderam a situação e não se opuseram, com apenas uma ressalva: que Antonio nunca me impedisse de fazer uma faculdade. E assim nós seguimos: nos casamos com todas as pompas e tudo a que se tem direito (igreja, festa, lua de mel, apartamento novo e reformado) e nesse tempo segui muito feliz no meu casamento, mas não tão feliz nos estudos do vestibular para Medicina, até que um dia reuni meus pais e meu marido e fui bem clara. "Chega-aaaaa, não farei mais vestibular para Medicina, seguirei o caminho que tinha escolhido anteriormente: Medicina veterinária". Eles com os olhos arregalados ficaram assustados, mas quiseram saber como eu ia fazer. Minha mãe e meu pai ficaram preocupados porque eu teria que estudar em outra cidade, meu marido me disse que eu ganharia tão pouco que não daria para pagar o condomínio do prédio onde morávamos. Mas mesmo assim eu fiz o vestibular e passei.

Foi maravilhoso, árduo, mas esplêndido, cinco anos que eu curti muito, fiz amigos, estudei o máximo possível. Fiz vários estágios: laboratório de microbiologia, onde aprendi a semear, cultivar, identificar e matar bactérias e fungos. Laboratório de parasitologia, fazendo muitos exames de fezes de vários animais possíveis, patologia clínica, realizando exames de sangue e urina; anatomia patológica, em que fazíamos necrópsia não só de cão e gato, mas de animais como babuínos, lagartos e outras espécies não convencionais. No hospital de grandes animais eu até aparecia, cumpria minhas obrigações ajudando nas cirurgias dos cavalos, nos partos das vacas, nas descornas dos touros, na vacinação dos porcos, no cuidado com os carneiros, mas sentia que ali não era meu lugar, porém, como uma mulher disciplinada cumpria as obrigações.

Depois veio a clínica de pequenos animais, lugar maravilhoso onde ficava muito bem, sempre sob supervisão de um professor, me sentia a própria doutora. No terço final da universidade fui convidada a ser estagiária em um laboratório de Leishmaniose do Instituto Oswaldo Cruz, e aceitei o desafio. Nesse laboratório havia muitas linhas de pesquisa, vários estudantes trabalhando com coisas completamente diferentes. De trabalho com barbeiros, moscas, parasitoides (quando um parasita vive dentro de outro parasita), a mosquitos, biologia forense. Meu trabalho era com controle biológico de moscas com a utilização de plantas medicinais. Como obtive ótimos resultados no meu primeiro experimento, minha orientadora insistiu muito que eu fizesse uma prova para a pós-graduação de Entomologia médica do Instituto Oswaldo Cruz. E assim eu fiz, mas continuava infeliz. Terminei o curso, coloquei meu lindo diploma debaixo do braço, agradeci a minha orientadora e parti para a clínica de pequenos animais.

Um dia, conversando com minha irmã Camilla, que estava infeliz com aquele caminho, ela que na época já era cardiologista me disse: "Por que você não faz um curso de eletrocardiograma veterinário?" Eu rapidamente respondi que ela estava doida, pois tive noção disso na faculdade e era muito difícil, não era para mim não. Dois dias depois ela me telefonou dizendo que tinha pago um curso para mim de eletrocardiografia veterinária, que era meu presente de aniversário e eu não deveria desobedecê-la, porque ela era mais velha que eu e eu tinha que lhe obedecer. Na data do curso estava eu lá muito contrariada da vida, mas pontualmente sentada na primeira fileira. E, realmente, que confusão era aquela, gráficos, ondas que representavam partes do coração. No segundo dia de curso já foi melhor, e assim segui o primeiro de muitos cursos de eletrocardiograma que fiz.

Rodei todas as universidades de Veterinária, sempre me aprimorando na Cardiologia clínica e na Eletrocardiografia, e também dava plantões em clínicas 24 horas, até o dia em que minha irmã mais uma vez me disse: "Você precisa comprar um aparelho de eletrocardiograma para fazer em todos os animais que estiverem ao seu alcance, será uma forma de estudar", mas eu disse: "Com o que eu ganho não consigo comprar um". Dois dias depois ela me deu o aparelho que já usava no seu consultório e me disse para ficar com ele porque tinha comprado um novo para ela. Claro que aquilo foi uma maneira de me ajudar, ela não precisava ter comprado um novo. Então, se tem alguma mulher no mundo que eu posso falar que me inspirou não só como profissional, mas como pessoa, essa foi minha irmã Camilla, segui seus conselhos e minha vida profissional se direcionou e hoje não tenho palavras para expressar a gratidão que sinto por essa mulher guerreira, esforçada e inteligente. Que viu em mim uma PROFISSIONAL com letras maiúsculas que eu não tinha percebido que poderia ser.

Com tanto estímulo, comecei a fazer exames em todos os animais que apareciam na minha frente e a estudar os resultados, e continuei nos meus plantões de clínica geral. Em 2013, descobri que estava grávida, foi apavorante e ao mesmo tempo maravilhoso, não estávamos planejando, mas tudo deu certo, trabalhei até cinco dias antes de o meu filho nascer, sem nenhuma intercorrência, e voltei quando ele tinha 15 dias, claro que de maneira moderada, meu tempo era curto para trabalhar. Só podia quando meu marido estava em casa, logo tive que escolher entre Clínica Geral e Cardiologia, e assim eu fiz minha escolha pela segunda opção. Fiz uma pós-graduação em Cardiologia de pequenos animais e como já tinha experiência com os vários outros cursos que realizei, tirei de letra. Mas ainda faltava alguma coisa na Cardiologia para me superar, fazer exames de ecocardiograma. Agora com a ajuda do meu marido, que bancou meu equipamento de ecocardiograma, eu fiz vários cursos sobre esse exame tão específico que é uma ultrassonografia do coração. Aí sim estava completa, fazia consultas cardiológicas, exames de eletrocardiograma e ecocardiograma, os medicava, os tratava. Ajudei a salvar muitas vidas de animais com minha especialidade. Não só aumentar a expectativa de vida deles, mas também melhorar sua qualidade de vida e de seus tutores.

Quando comecei a atender como cardiologista veterinária existiam poucos profissionais do tipo e eu só conhecia uma mulher, os outros todos eram homens, inclusive em nenhum dos cursos que fiz tive professoras mulheres. Mas aos poucos fui entrando no mercado de trabalho e me posicionando, mostrando meu valor e minha qualidade técnica. Mas ainda assim algo em mim me cutucava dizendo: vamos continuar os estudos e aprimorar cada vez mais, pelos seus pacientes. Foi quando tive a ideia de fazer uma terceira pós-graduação. Essa seria de Nefrologia veterinária, já que muitos dos meus pacientes cardiopatas em fase final de vida também se tornavam nefropatas. No Rio de Janeiro infelizmente não consegui realizar nenhum tipo de curso. Precisei buscar em São Paulo. Mais uma vez tive o apoio de toda a minha família para continuar minha trajetória. E assim se passaram mais dois anos de especialização, recebi o título de nefrologista e urologista veterinária de pequenos animais. Criei a primeira empresa no Brasil de cuidados exclusivos de Cardiologia e Nefrologia Veterinária, a RIMCOR, da qual me orgulho muito. Sinto que nessa empresa tem esforço meu, de meus pais, que me deram toda a base de educação e caráter, de minha irmã, que me deu o *start* e na qual me inspirei, do meu marido, que sempre me apoiou em minhas escolhas desde quando optei por fazer Veterinária até hoje, do meu filho, todos sempre permitiram que minha empresa fosse parte de mim. No ano passado duas coisas muito importantes para minha profissão aconteceram. A primeira foi que no princípio do ano de 2018 tive uma enorme tristeza ao cuidar de uma paciente muito importante à qual tive um apego emocional muito grande, tanto dela quanto da família, ao tratá-la de cardiopatia e nefropatia avançadas, fazendo uso de todo o arsenal medicamentoso que eu poderia, vários manejos e estratégias para lhe dar conforto, comecei a usar um tratamento paliativo e alternativo que conheci através de uma amiga que é homeopata veterinária (profissional essa em quem também me inspiro, por sua dedicação e cuidado com seus pacientes). E por conta dela tive vontade de me direcionar à Medicina alternativa, em fevereiro me inscrevi em uma pós-graduação em homeopatia veterinária, a qual ainda estou cursando e lá aprendo não só tratamentos para qualquer tipo de doença, mas também a usar medicamentos que trabalham com o mental, com a energia vital do paciente. Direciono o tratamento para os meus velhinhos terem um fim de vida mais digno e Saudável. Ainda estou em fase de conclusão do curso com previsão de término em dezembro de 2019.

Outro fato que me aconteceu em 2018, já pela metade do ano, foi que um casal de amigos, que eram donos de um pet shop e veterinária já consagrados na Barra da Tijuca, tinham uma loja a qual não estava indo muito bem. Por eles não estarem muito presentes, ela não desenvolvia o potencial que poderia e por conta disso me ofereceram para comprar.

Eu, como sou uma pessoa que gosta de desafios, aceitei rapidamente. Em junho de 2018, assumi esse pet shop, mas não deixei em tempo nenhum de praticar todos os meus outros afazeres, continuei com a Cardiologia veterinária, com a Nefro e Urologia veterinária, cursando minha pós em Homeopatia e ainda assumi essa grande tarefa. Meu primeiro mês na empresa teve faturamento maior que em qualquer outro mês em cinco anos de existência dela anteriormente, e assim se deu mês a mês, cada um melhor que o outro, alinhando minha equipe, com reuniões, conversas individuais, incentivos. Em maio de 2019, 11 meses depois de ter entrado nessa empresa, fui abordada por uma rede famosa aqui do Rio para vender a minha empresa, estamos em negociação, mas pretendo vendê-la por três vezes o valor de compra. Sinto que fui muito feliz nessa loja, cumpri com meu papel de reerguê-la e colocá-la para frente. Não tenho problema nenhum em vendê-la, o que eu fiz com ela e com os funcionários posso fazer em qualquer outra e em outro lugar e a qualquer momento, por isso decidi sim vender, ainda mais por uma proposta financeira muito boa.

Hoje sinto que preciso tirar uma semaninha de férias, e assim que todo o negócio estiver fechado e assinado o farei. Para começar um novo ciclo da minha vida, dar um pouco mais de atenção a minha família, porque esses 11 meses com todos os afazeres foram "pauleira", e me preparar para o próximo desafio. Mestrado acadêmico, pretendo no fim do ano prestar prova para o Instituto de Veterinária da Universidade Federal Rural do Rio de Janeiro, programa de pós-graduação em Medicina Veterinária, Patologia e Ciências Clínicas.

O que eu deixaria de recado para você, mulher, que está lendo minha história agora é: tenha seus sonhos, corra atrás deles, mas não de qualquer maneira, planeje, escreva em um papel suas estratégias, tenha metas para curto, médio e longo prazo. Confie nas pessoas que a ajudam, mas saiba identificá-las, porque são poucas. Ajude quem a ajuda, divida seu ouro com as pessoas, e quando falo ouro não digo no sentido só financeiro não, digo em todos os sentidos. No amor, no carisma, na amizade, na gratidão, e siga em frente, com seu pensamento firme nas metas e pensando que tudo vai dar certo e que você está dando o melhor de si e por isso não tem porque dar errado. Não esqueça de se conectar sempre com aquele ser supremo que rege todas as forças do Universo, Ele está de olho em ti, falando contigo o tempo todo, te dando um norte, ouça com ouvidos de quem quer ouvir.

Um abraço, Thalita.

# Da criança que carregava comida para seus porcos à Mulher Empreendedora de Sucesso

Verônica da S. Viana Rodrigues

17

## Verônica da S. Viana Rodrigues

Psicóloga clínica, especialista em Neuropsicologia pela Santa Casa de Misericórdia do Rio de Janeiro, especialista em Terapia Cognitivo-Comportamental pelo CPAF/Ucam. Desenvolveu um trabalho de atendimento psicológico na ONG Voz da Comunidade (São João do Meriti). Psicologia Positiva: Uma integração com o Coaching, pela Universidade Candido Mendes/CPAF/AVM, em conclusão. Palestrante em Psicologia Positiva. Professora do Curso de Formação em Arteterapia no Rio de Janeiro.

Contatos:

Email: psicviana@gmail.com

Facebook: Foco e Atenção

Participar de uma obra tão significativa quanto esta, realizada por várias profissionais renomadas, de alta performance, experientes, é com certeza uma enorme honra. Agradeço imensamente a oportunidade, à Andréia Roma pelo convite, à Editora Leader, que confiou em meu potencial, acreditando na minha competência à altura para contribuir com tão brilhante obra para as mulheres empreendedoras do nosso país.

Pois bem. De repente você se pergunta sobre o real significado ou sentido da palavra empreender. É um verbo de ação dos mais promissores que tenho praticado em toda a minha vida. Sou carioca, nascida no município do Méier, localizado no centro do Rio de Janeiro. Nasci no hospital maternidade Casa da Mãe Pobre, fui deixada pela minha mãe e pelo meu pai, na época separados, aos cuidados dos meus avós maternos.

Aos dois anos meu avô faleceu, ficando eu e minha avó sozinhas. Ela passava por muitas dificuldades, analfabeta, decidiu educar-me e trabalhar como costureira. Nesse período criava porcos e galinhas para aumentar nossa renda. Minha avó me colocava para ajudá-la nos serviços domésticos e nos cuidados com os porcos, na parte da limpeza e na alimentação dos animais. Passamos por momentos muito difíceis. Nada foi fácil pra mim! Não tive infância. Quando estava cuidando dos animais, eu sempre pensava em um futuro longe dessa adversidade. Enxuguei as lágrimas e fui em busca dos meus sonhos.

Até que um dia, no colégio público em que estudava, a Escola Municipal Barão do Rio Branco, uma professora genuína – digo isso porque ela realmente cumpria sua missão como educadora –, que ministrava aula de Ciências, me viu nas ruas levando os porcos para casa toda suja e machucada porque tinha caído no valão (os animais corriam muito). Ela me chamou para uma conversa em particular e logo veio na minha mente: "O que eu fiz?" Nesse período estava na sétima série, animada, otimista, dedicada aos estudos. A professora conversou comigo sobre um futuro brilhante, disse que meu destino estava em minhas mãos, nas minhas escolhas, nos estudos. Meus olhos brilhavam... Disse-me que era pra dedicar-me mais que eu teria um futuro bem promissor e na área da saúde, porque as minhas notas em Ciências eram altíssimas, eu me destacava nessa matéria. Fiquei emocionada e chorei.

Aos 15 anos eu conheci meu pai, de origem portuguesa, que não tinha me registrado, pedi para que ele me registrasse e me colocasse em um colégio particular, pois sempre estudei em escolas públicas. Sou muito grata às escolas em que estudei, aprendi valores e virtudes fundamentais para a minha vida.

Minha avó por parte de mãe inspirava-me a ser uma mulher guerreira, estudiosa, e sempre ter disciplina, responsabilidade, respeito, fé e caráter.

# O poder da mente para uma mudança positiva

Digo a vocês que nada é fácil porque comecei a quebrar tabus aqui, pois geralmente nas minhas duas parentelas ninguém estudava. O estudo não tinha valor. Eu pensava: "Como irei conseguir algo que somente filho de rico tem?" E eu respondi para mim mesma: "TUDO É POSSÍVEL! Basta querer e ir em busca dos nossos sonhos com metas claras".

Minha jornada profissional teve início quando fui estudar em uma Escola Técnica em Enfermagem, pois já pensava em minha futura carreira, meu sonho era cursar Medicina, mas Deus me guiou para a Psicologia, o meu talento. É na resiliência que nascem as vitórias porque todos os caminhos são feitos de altos e baixos e é necessário persistir para chegar ao fim.

Sou neuropsicóloga, terapeuta cognitivo-comportamental, pesquisadora, *coach* e uma das coautoras do livro *Psicologia Positiva aplicada à Psicologia Clínica,* que tem selo da Editora Leader.

Anteriormente, morei na cidade do sol, Fortaleza, no nosso lindo estado do Ceará, onde concluí minha faculdade de Psicologia na Universidade de Fortaleza (Unifor) em 2004, e estagiei em grandes empresas cearenses em Psicologia Organizacional no período de 2003 a 2004. Tenho muitas saudades dos meus amigos e professores, fui muito bem acolhida e amada por todos.

Meu principal desafio foi a parte financeira, pois eu não tinha ajuda nem apoio financeiro e profissional, além do preconceito por ser mulher e jovem na área. Quando concluí a faculdade de Psicologia precisei retornar à minha cidade natal para cuidar do meu irmão por parte de mãe, Tiago da Silva Viana dos Santos, que sofria de uma doença cardíaca e renal.

Logo, precisei ter uma mente visionária e de liderança para potencializar o meu talento e colocar na comunidade onde eu cresci o meu amor pela Psicologia, sendo assim, visualizei as demandas do município de São João de Meriti no bairro Vilar dos Teles, realizando atendimentos psicológicos na ONG ABC, de crianças e adolescentes carentes da comunidade vítimas de abusos, abandonos, depressões, violências domésticas e atendimentos especialmente para os autistas. Um dos obstáculos era a parte financeira, pois eu precisava ter um rendimento para manter-me no mercado de Psicologia. Como eu já atendia as pessoas sem condições financeiras para pagar as sessões, Deus abriu as janelas dos céus para mim enviando pacientes no consultório particular.

Com uma visão de líder, decidi em 2008 alugar um espaço de atendimento nesse bairro, pois ali não havia consultório de Psicologia. Fui a desbravadora dessa área lá, todos falavam que não ia dar certo, mas deu. Hoje tenho um consultório próprio e bem localizado no centro de Vilar dos Teles para onde outros centros de atendimento encaminham pacientes.

Mas não foi fácil, os desafios foram muitos. Como mulher, já sofri assédio, discriminação, preconceito e vou lhes contar, para que sirva de exemplo de superação para outras mulheres empreendedoras. Na época em que eu estagiava na área da Psicologia Organizacional sofri assédio do meu chefe, mas com as orientações da minha supervisora da época eu utilizei algumas técnicas para me livrar dessa situação.

Quando você é uma mulher jovem, inteligente, bonita e com nível superior, atrai muito a atenção de homens perversos, com problema de caráter. Precisamos ser firmes em nossas atitudes, com assertividade e sabedoria. E se isso for além, denunciem.

O principal temor em minha área foi a tão temida pergunta: "Será que terei pacientes e encherei minha agenda?". E então, com a visão de liderança positiva, fiquei observando algumas colegas de trabalho que se destacavam na época, a forma como atendiam e tratavam seus clientes.

Com a minha experiência na parte organizacional, entrei no curso de Neuropsicologia na **Santa Casa de Misericórdia do Rio de Janeiro em 2007**. Lá eu me descobri, fiquei encantada com a Neurociência, e **resolvi fazer um bom planejamento na minha carreira,** pois eu estava atendendo meus pacientes com a abordagem da Psicanálise Freudiana. Ampliei meus conhecimentos em relação às técnicas psicoterápicas, me engajei em outra pós-graduação em Psicologia Cognitivo-Comportamental (TCC) para me aprofundar nessa área e levar meus pacientes a um maior bem-estar psicológico e social.

**"Quando você se permitir ousar fazer algo, perceberá o que é o salto, o florescimento e crescimento pessoal e profissional."**

Consegui montar dois consultórios próprios na cidade do Rio de Janeiro, depois de muito trabalho e esforço. Acordava às 5 horas da manhã para atender às 8 horas na região da Grande Tijuca, sempre trabalhando focada nos meus objetivos: 1ª meta: adquirir e comprar vários testes para inovar e formar uma clínica de testagem. Tenho muitos testes psicológicos e neuropsicológicos, costumo dizer que "a casa do psicólogo está nos meus consultórios"; 2ª meta: adquirir os espaços para os atendimentos; antes eu sublocava os horários em outros locais, até construir os meus próprios. Uma grande vitória para a nossa família. Sou muito grata a Deus.

Deveras, para alcançar os dois espaços de atendimentos psicológicos dados por Deus e direcionando as minhas escolhas profissionais, pois sem Ele nada somos, uma das forças de caráter em evidência que tenho é a virtude da transcendência, a força de caráter, a Espiritualidade que é **"ter crenças coerentes com o propósito maior e sentido da vida"**.

A minha primeira força de caráter é a perspectiva, é ser capaz de dar conselhos para os outros. Essa força vem da virtude da sabedoria e do conhecimento, capacidades cognitivas que implicam a aquisição e o uso do conhecimento.

Sempre em busca de conhecimento e capacitação, tenho uma visão otimista, positiva e em conexão com meus pacientes. E também nunca desistir nessa jornada de muitos sacrifícios e dedicação, horas de estudos e trocas de experiências com meu ex-marido.

Eu sempre tive que abrir mão do tempo, também junto com a minha família, em prol do conhecimento, estudando, trabalhando, pesquisando e me aperfeiçoando em minha área, na saúde mental e psicológica.

Para realizar seus sonhos você precisa descobrir seu propósito de vida, aliando com suas metas e valores pessoais. Por isso, deixo as seguintes perguntas para vocês, leitores: "Quais são seus propósitos de vida? O que vocês fariam e do que abririam mão para realizar os seus sonhos?"

Em todos os meus atendimentos e trabalhos sempre atuei com a verdade e a justiça.

Construí uma vida saudável, buscando ter equilíbrio em todos os aspectos da minha vida; eu vivo a Psicologia em todas as áreas da minha existência. Quando o meu irmão Tiago faleceu, em 2011, voltei a estudar novamente. Fiz especialização em Psicologia Positiva – A Ciência da Felicidade, para aprender como atingir o bem-estar, a trabalhar o meu luto pela perda do meu irmão, a me desenvolver com autonomia e encarar de forma saudável os desafios com os quais nos deparamos ao longo da vida, em todas as situações. Desenvolvi estratégias de superação de dificuldades, comprometendo-me com os meus objetivos, praticando gestos de cortesia e sempre expressando gratidão para saborear as alegrias da vida; praticando a espiritualidade e cuidando do corpo, da alma e da minha família.

**Sempre adotei como estratégia o otimismo como força pessoal, resiliência e fé para lidar com as frustrações, decepções, traições, ingratidões da vida. Isso funcionou muito bem pra mim, assim como até hoje acredito na existência de Deus, pois ele sempre nos surpreende com suas bênçãos sem medidas. Pratico também a gratidão por tudo que tenho recebido da vida, e o perdão, que considero essencial para sermos felizes.**

No momento, venho de uma separação turbulenta. Precisei utilizar o otimismo, a esperança, a fé e a resiliência para florescer no meio de tantas decepções, vejo que muitas mulheres empreendedoras estão passando por situações semelhantes. O casamento é bênção de Deus, mas quando não é blindado causa muitos danos na vida do casal, dos filhos e dos familiares.

**Fica a dica: a mentira é a maior inimiga de um casal e daí vem a traição. Foi um momento de muita dor e um choque emocional.**

Como empreendedora, tive a visão de abrir meus consultórios psicológicos e neuropsicológicos, **o Espaço FOCO E ATENÇÃO**, com o objetivo de dar o melhor atendimento personalizado para os meus pacientes. Na Baixada Fluminense, fui a primeira psicóloga a abrir um espaço terapêutico em Villar dos Teles e outro na zona norte, no bairro da Tijuca, como já relatei anteriormente.

Em virtude do cenário de crise de nosso país, muitos pacientes ficaram desempregados e precisavam interromper seus atendimentos psicológicos. Nesse momento precisei montar um **plano de ação para os pacientes** e para pagar os gastos dos consultórios. Manter um espaço terapêutico não é fácil, há muitas taxas e gasto com manutenções. Nessa hora me deu um frio na barriga e me vieram as perguntas: "O que fazer? Como ajudar os meus pacientes nesse período de crise?"

**Com a perspectiva oferecida pela Psicologia Positiva,** estudei e me aprofundei nas técnicas das habilidades sociais, talentos, pontos fortes, forças de caráter, resiliência, planos e metas para lidar com a crise. Porque no céu não existe crise!

# Não basta empreender, tem que estudar para saber!

Os conhecimentos em minha área foram as três pós-graduações, especialização em Neuropsicologia pela **Santa Casa de Misericórdia do Rio de Janeiro**, a especialização em Terapia

Cognitivo-Comportamental pelo CPAF/Ucam e em Psicologia Positiva: Uma Integração com o Coaching, pela Universidade Cândido Mendes/CPAF-RJ/AVM, pesquisas, avaliação de personalidade, avaliação clínica, avaliação neuropsicológica, cursos em testes psicológicos, curso em orientação vocacional e de carreira, sou palestrante em Psicologia Positiva. Também realizei as aquisições de vários testes psicológicos com a visão da Psicologia Positiva, neuropsicológicos, educacionais, conhecimento com técnicas em reorientação vocacional e programa de treinamentos dos processos atencionais para crianças.

Os testes psicológicos são instrumentos de medidas, por meio dos quais se busca observar e investigar um fenômeno psicológico. Em geral, são compreendidos como uma medida padronizada e objetiva do comportamento. Logo, por isso, utilizei muito na minha clínica para potencializar os meus atendimentos personalizados e com resultados positivos. Assim, é essencial que o profissional empreendedor tenha uma formação de qualidade para garantir a fidedignidade dos resultados gerados, bem como para evitar erros de diagnóstico. Avaliação em Psicologia Positiva está indo um pouco mais além, apresentando também alguns tópicos de avaliação mais complexos, como resiliência e *mindfulness*.

Minha avó por parte de mãe me deu muito apoio em relação às minhas escolhas profissionais, ajudando-me financeiramente dentro de suas posses. E minha principal inspiração foi por parte de Deus, sua palavra que é viva e eficaz e está nos grandes heróis da Bíblia, tanto homens quanto mulheres, por exemplo, Ester e Rute.

Quem sou eu? Sou uma pessoa humilde e resiliente. Gosto muito de trabalhar com a Psicologia Positiva e a Neuropsicologia. Amorosa, generosa, dedicada à minha família, amigos e aos pacientes. Quanto à minhas principais conquistas, posso dizer que foram o meu casamento em 2009, o nascimento do meu filho, em 2013, minha maior alegria, minha fé em Deus e meus amigos significativos e familiares. A minha vida profissional está intimamente ligada a Deus e à minha família. Tudo o que conquistei a partir do zero é fruto de uma relação sólida em família e com Deus.

E uma conquista recente que muito me orgulhou foi ser convidada para coautora do livro *Psicologia Positiva aplicada à Psicologia Clínica*, da Editora Leader, em 2017.

Lidando com tantas adversidades sociais e do dia a dia transformei a dor em combustível para o florescimento pessoal e profissional. Com a fé, otimismo e gratidão, busco sempre sair bem das frustrações e desafios da vida. E posso testemunhar que Deus tem feito maravilhas em minha vida. Veja a minha trajetória.

Quanto ao futuro, o que me fará feliz será ver meu filho com saúde e bem, mesmo diante de uma separação conflituosa, e minha família estabilizada. O que me traz realização na vida é saber que posso ajudar ao próximo e levar felicidade aos que estão ao meu redor, meus amigos e pacientes. Ainda hoje continuo com os meus atendimentos sociais nos consultórios. **O sentido da felicidade é muito maior do que apenas viver, é ser feliz e fazer as pessoas felizes e livres de patologias.**

## Empreender é sonhar sempre

A bandeira da minha cidade representa a alegria de saber que o Rio de Janeiro é uma das cidades mais lindas do mundo, mas está abandonada politicamente e socialmente.

Mas não se pode ter medo. O medo destrói sonhos. Nunca deixe ninguém tirar seu brilho, sua autoestima e seus talentos, acredite sempre em você, vá em busca de seu autoconhecimento, autocapacitação, autorrespeito, valorize-se, tudo aquilo em que você coloca atenção aumenta! Empreender é sonhar sempre.

Tenho 5 dicas inspiradoras que me fizeram prosseguir na minha carreira e ter sucesso na minha jornada. Desperte o seu poder profissional. São essas dicas que passo a seguir para vocês, leitores:

1. Seja você mesma no seu empreendimento/trabalho, sendo sincera, honesta, persistente, comprometida e dedicada, com foco no seu papel! Não seja um robô nas empresas, ou no seu dia a dia com seus clientes, pacientes etc.

2. Não tenha hora para parar, floresça sempre, trabalhando até mesmo nos feriados, domingos e sempre em busca da excelência! Faça a prática da autodescoberta.

3. Tenha muita fé em Deus, perdão e resiliência, pois é uma força muito magnífica, extraordinária, para grandes saltos e conquistas. Se você quer transformar a sua vida, você a transformará.

4. Seja sempre humilde para reconhecer suas falhas e ampliar o poder de ação. Seja alguém de ação e não apenas de palavras.

5. Elimine crenças limitantes que impedem de ser quem você quer ser. Desperte o seu poder interior.

Forte abraço, com amor.

Gratidão!

*"Seu trabalho preenche boa parte de sua vida e a única maneira de ficar realmente satisfeito é fazer o que você acredita ser um ótimo trabalho. E a única maneira de fazer um excelente trabalho é amar o que faz."*

*Steve Jobs, cofundador da Apple.*